（第四版）

珍爱生命 远离毒品

青少年毒品预防教育

主　编　战嘉怡

副主编　刘　晶　刘　洋

参编人员（以姓氏笔画为序）

张　力　张禹翔　宫　麟　龚　韬

插　图　战嘉怡　刘航瑞

中国劳动社会保障出版社

图书在版编目（CIP）数据

珍爱生命　远离毒品：青少年毒品预防教育 / 战嘉怡主编．-- 4版．-- 北京：中国劳动社会保障出版社，2022
ISBN 978-7-5167-5623-2

Ⅰ.①珍…　Ⅱ.①战…　Ⅲ.①禁毒-中国-青少年读物　Ⅳ.①D669.8-49

中国版本图书馆CIP数据核字（2022）第209250号

中国劳动社会保障出版社出版发行

（北京市惠新东街1号　邮政编码：100029）

*

北京市艺辉印刷有限公司印刷装订　新华书店经销

787毫米×1092毫米　16开本　11.75印张　168千字

2022年12月第4版　2024年7月第3次印刷

定价：30.00元

营销中心电话：400-606-6496

出版社网址：http://www.class.com.cn

内容简介

毒品导致社会财富流失、人性沦丧、道德滑坡，成为影响我国社会稳定的重要消极因素。本书针对青少年的特点，从预防教育入手，科学、通俗地介绍了毒品的概念、毒品对人类社会的危害、吸毒成瘾性、戒除毒瘾的方法以及如何预防毒品等知识，并列举了我国有关禁毒的法律法规和方针政策，使读者可以从法律层面更深入地了解毒品，以及国家为禁毒工作付出的决心与努力。

本书可供大学、普通中学、技工学校及各级各类职业院校、就业培训中心开展毒品预防教育教学使用，也可作为基层戒毒机构与毒品预防教育人员的禁毒教育参考资料。

前　言

当今全球毒品泛滥，《2021年世界毒品报告》显示，全球2021年约有2.75亿人吸食毒品。我国1989年统计吸毒人数有7万人，后持续增长，2014年达到295.5万人。随着禁毒工作的深入开展，2021年底统计全国吸毒人数148.6万人，呈现出毒品违法犯罪活动下降、吸毒人数下降、毒品危害程度下降的良好态势。但世界毒品产量居高不下，毒品网上交易更加活跃，全球毒品滥用人数持续上升，中国禁毒斗争面临的外部环境更加复杂，国内毒品形势出现新情况新变化。所以，禁毒教育一定要常抓不懈，高度警惕毒品泛滥的反弹。

毒品是人类社会的公害，不仅严重侵害人的身体健康、销蚀人的意志、破坏家庭幸福，而且严重消耗社会财富、毒化社会风气、污染社会环境，同时极易诱发一系列犯罪活动。

吸毒人群呈低龄化趋势已引起全社会关注，青少年处于青春发育时期，思想尚不成熟，自控能力较差，很容易被引诱误入歧途，因此青少年的毒品预防教育在国际上一直都备受重视。我国国家禁毒委员会与教育部等有关部门，一贯要求加强对大、中、小学生开展毒品预防教育。

习近平总书记指出，禁毒工作是事关人民幸福安康、社会和谐稳定的一项重要工作。1998年应中国劳动社会保障出版社之邀，我们编写了适宜各类学校学生阅读的毒品预防教育读本《珍爱生命　远离毒品》，以深入浅出的医学科学道理，令人警醒的实例和国家有关的法律、法规条款告诫青少年，务必要拒绝毒品、珍爱生命。该书出版后受到社会的广泛欢迎，2005 年再版，2015 年第三版。鉴于该书距第三版首印又有数年，禁毒形势也在发生变化，故推出第四次修订版，对文稿内容进行全面修订。

本版调整了章节架构，更新了统计数字与案例，增加了近年出现的新毒品及新的戒毒方法等相关知识，并适当增加了插图。全书图文并茂、通俗易懂，让读者清楚地了解毒品和毒品的危害。

水平所限，疏谬难免，望广大读者和专业人士不吝指正，以便今后修订。

本书编写得到北京中西医结合学会、北京市老医药卫生工作者协会、北京养生文化创意产业协会的大力支持，友人郑倍红、刘荔协助校稿，在此一并致以谢意。

战嘉怡

2022 年 5 月 30 日于北京

目　录

第一章

毒品

——人类的公敌

第一节　毒品的概念

一、什么是毒品

《中华人民共和国禁毒法》第二条规定，毒品是指鸦片、海洛因、甲基苯丙胺（冰毒）、吗啡、大麻、可卡因，以及国家规定管制的其他能够使人形成瘾癖的麻醉药品和精神药品。毒品大体上可分为两大类，一类是医学上的药品，但滥用成瘾，成为毒品，如杜冷丁、罂粟壳、可卡因等；另一类则是没有任何医药用途、单纯为了满足"舒适感"而使用的毒品，如海洛因、苯丙胺等。

我们通常说的"毒药"与毒品可不是一回事，毒药是指能危害生物体生理机能并引起死亡的药物。它也分两类，一类是有药用价值，但其治疗剂量与中毒剂量十分相近，稍有不慎便可使人中毒甚至死亡，如砒霜、乌头、马钱子、洋地黄毒苷、水杨酸毒扁豆碱等，医药学称为剧毒药品；另一类是没有药用价值而毒性很大的化学物质，如氰化钾、水银等。毒药没有成瘾性。

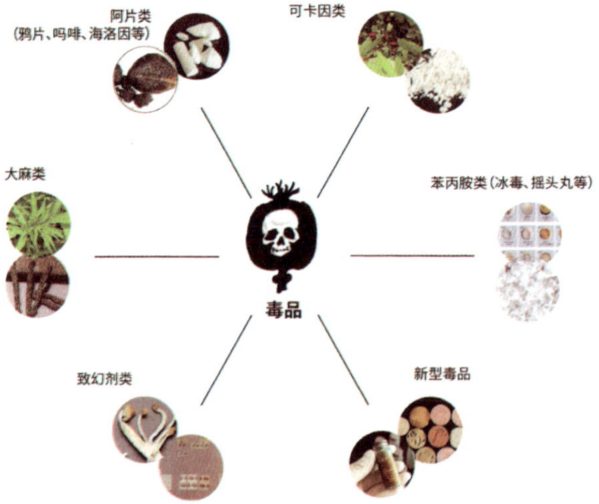

毒品的主要种类

二、毒品的起源

1. 药物

古希腊人几千年前发现罂粟果榨汁有安神、安眠、镇痛、止泻、止咳的功效，开始将罂粟果分泌物干燥成膏，这便是最早的鸦片（医学译为阿片）。随着化学工业技术的进步，人们从鸦片中分离提取出吗啡，可将吗啡甲基化制成可待因或人工合成杜冷丁。鉴于阿片类在临床上具有镇痛、止咳作用，且尚无替代品，目前仅作为药物在严格控制下使用，如一些镇咳药中含有罂粟壳、可待因，止痛剂中含有杜冷丁。

2. 祭祀仪式

远古时代，一些可致幻觉的植物在祭祀仪式上被广为应用，古印度人使用毒蝇伞菇，古埃及人使用大麻，古希腊人、古罗马人和古波斯人使用洋金花，美洲印第安人使用裸盖菇和皮约特仙人掌等。

致幻剂虽然不易直接导致吸食者死亡，但往往令其思维混乱，行为不受控制，甚至产生自残行为。鉴于后果严重，吸毒者往往只用少量致幻剂与其他毒品混合使用。

3. 保健品与消遣品

南美洲有一种古柯树，把它的叶子放在嘴里嚼一嚼，就会使人顿感轻松愉悦，忘却疲劳。后来人们从古柯叶中提取出可卡因，效果远超古柯叶。19 世纪末欧美盛行 “可卡因风”，可不久之后人们发现，可卡因虽能带来愉悦感，但同时也会使人易怒和出现精神障碍，并具有成瘾性。20 世纪 20 年代各国逐渐停止把可卡因当作消遣药物使用。

第二次世界大战中，为了使士兵不怕疲劳、不惧牺牲，日本军方一直给士兵服用甲基苯丙胺，也就是冰毒。战争结束后，日本政府为缓解经济困难，将大量库存的冰毒当作安慰剂抛售，由此带动了全球冰毒的滥用。

4. 高额利润驱动新型毒品问世

鸦片、可卡因等传统毒品最初是从药品、保健品衍生而来，而毒品的高额利润，驱使贩毒者不断研发各种新型毒品，如海洛因、摇头丸、γ-羟丁酸等。正是由于毒品的高额利润与层出不穷的新型毒品，毒品全球贸易额已仅次于军火贸易额，成为世界“第二大产业”。

三、毒品的类型

1. 传统毒品与新型毒品

以毒品流行时间顺序划分，传统毒品一般是指鸦片、吗啡、可卡因等流行较早、以植物为原料提取的毒品和早期的合成毒品；新型毒品主要是指冰毒、新精神活性物质等新人工化学合成的致幻剂、兴奋剂、抑制剂等毒品。

2. 天然毒品、半合成毒品与合成毒品

以毒品的制造生产来源划分，天然毒品是指直接应用原植物或用其简单加工制成的毒品，如大麻、鸦片等；半合成毒品是指从原植物中提取活性成分，或将提取成分与其他化学物质再合成而形成的毒品，如海洛因、可卡因；合成毒品是指完全用化学合成的方法制造的毒品，如冰毒、氯胺酮等。

3. 抑制剂、兴奋剂和致幻剂

以毒品对人中枢神经的作用划分，抑制剂能抑制中枢神经系统，具有镇痛、镇静和放松作用，如吗啡类；兴奋剂能刺激中枢神经系统，能够使人兴奋，如苯丙胺类；致幻剂能使人产生幻觉，导致思维混乱或不受控制，如麦司卡林等。

4. 麻醉药品和精神药品

以药品学分类属性划分，麻醉药品又称麻醉品，是指对中枢神经有麻醉作用，连续使用易产生生理依赖性的药品，如吗啡、杜冷丁等；精神药品是指直接作用于中枢神经系统，能够使人兴奋，连续使用会产生心理依赖性的药品，如苯丙胺类、巴比妥类、苯二氮䓬类等。

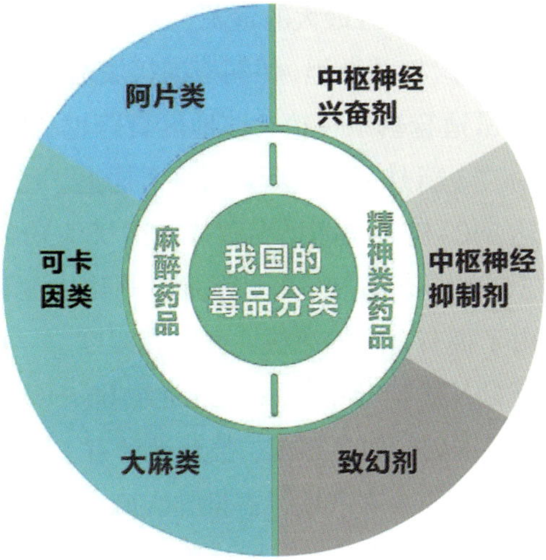

我国的毒品分类

这里所说的麻醉药品和做手术时所使用的麻醉药不是一回事。麻醉药又称麻醉剂，也就是我们通常所称的麻药，手术时用于使全身或局部产生麻醉作用而无依赖性，如乙醚、氧化亚氮、硫喷妥钠、丁卡因、普鲁卡因、利多卡因、丁哌卡因等，只有可卡因既是麻醉药也是麻醉药品。

第二节 全球毒品现状

一、国际毒品形势

1. 世界毒品主要产地

（1）金三角。在缅甸、老挝、泰国这三个东南亚国家边境接壤的密林深处，种植着大片的罂粟，是世界上历史最久的鸦片主产地。此地交通闭塞，土壤肥沃，气候适宜，成为罂粟种植、提炼、贩运和走私的黄金地带。国际贩毒集团在此攫取了大量利润，从 20 世纪 60 年代起，这里被称为“金三角”，1991 年鸦片产量到达顶峰，逾 3000 吨，是当时全世界鸦片与海洛因的最大产地。“金三角”

毗邻中国南部边界，是对我国危害最大的毒源。

（2）金新月。在阿富汗、巴基斯坦、伊朗三国接壤地区，人烟稀少，交通不便，呈与世半隔绝状态，非常适合罂粟种植。该地区有跨越 3000 多公里的边界线，其形似新月，故被称为“金新月”。金新月后来者居上，已成为世界最大鸦片生产地，巅峰期年产量达 8400 吨，垄断世界鸦片输出 95% 份额。

（3）银三角。在南美国家秘鲁、玻利维亚、哥伦比亚和巴西接壤的安第斯山区和亚马孙地区，由于拥有合适的海拔、气温和湿度，一直以来是种植古柯的理想地，毒品可卡因就是从古柯叶中提取。20 世纪 60—80 年代，全世界九成以上的可卡因源于此地。可卡因为白色粉末，故此地便有了“银三角”“白三角”之称。银三角还是世界最大的大麻产地，占世界大麻产量的 80%。

（4）贝卡谷地。沃野千里的贝卡谷地，曾号称黎巴嫩的粮仓，如今却开满罂粟花，每年的毒品交易额超过 2 亿美元。毒品源源不断地沿着崇山峻岭中的秘密小道偷运出境，转运至世界各地，将黎巴嫩从一个山地小国变成一个毒品大国。贝卡谷地已成为继“金三角”“金新月”和“银三角”之后的世界第四大毒品产区。

全球毒品主产地

（5）黑三角。黑三角是非洲新崛起的一个毒品基地，位于尼日利亚、加纳、肯尼亚、苏丹和南非五国接壤的边境地带，主要的产物是大麻。在非洲，大麻是种植、贩运和滥用的主要毒品，仅南非的大麻种植面积就超过了 82 万公顷。此外，非洲还是世界毒品贩运活动的主要中转站，摩洛哥则是从非洲将大麻运往欧洲毒品市场的主要集散地。据有关方面预测，非洲有可能成为新的国际毒品中心。

2. 全球毒品加剧蔓延

现代科学技术的发展使得合成毒品容易制作，现代化的运输手段也使得毒品很容易地运往世界各地，因此形成了完整的毒品种植、研发、生产、运输、贩卖网络，一些地区甚至形成了跨越国界的庞大的武装贩毒集团。

国际毒品每年交易额达 8000 亿 ~ 1 万亿美元，相当于世界贸易总额的 13% 左右，超过石油贸易额，是仅次于军火的全球第二大交易。

全球毒品问题正在加速扩散，并不断恶化，有 200 多个国家和地区存在毒品消费问题。世界人口的 10% 卷入了毒品的生产与消费，并正以每年 3% ~ 4% 的速度增长。《2021 年世界毒品报告》显示，2020 年，全球约有 2.75 亿人吸食毒品。2018 年使用大麻的约有 1.92 亿人，使用阿片类的约有 5800 万人，使用可卡因的约有 1900 万人。

世界毒品问题特别联大会议报告中指出，毒品危害人们的身心健康，缩短人类寿命，降低生活质量，带来贫穷、暴力等诸多社会问题。毒品在世界范围内蔓延泛滥，毒品与艾滋病、恐怖活动并列成为威胁人类和平与安全的三大公敌。

猖獗的全球毒品贸易

二、国内毒品形势

1. 卷土重来的毒害

鸦片自隋唐时期作为药物由波斯传入中国，明末开始出现滥用倾向，至清乾隆三十八年（1773 年），英东印度公司开始专门为中国市场大量种植、制造和倾销鸦片。自清嘉庆二十二年（1817 年）至道光二十六年（1846 年）仅 20 多年间，鸦片就像潮水般地涌进中华大地，亿万两白银也像潮水般地流出国门，造成清政府财政拮据，国库空虚。当时中国吸食鸦片人数竟达 300 多万，上至达官贵人，下至工农商兵甚至乞丐。一时间华夏神州烟馆林立，烟灯如点点鬼火。久食鸦片者，其肉必瘦，其血必枯，形销骨立，如同行尸走肉，正可谓“剜骨剔髓不用刀，请君夜吸相思膏”（相思膏，鸦片的俚称）。当时的有识之士认识到鸦片泛滥的危害性，魏源痛陈“夷烟蔓宇内，货币漏海外，漕鹾从此日敝，官民从此日困，此前代所无也”。湖广总督林则徐上疏力主禁烟：“迨流毒于天下，则为害甚巨，法当从严。若犹泄泄视之，是使数十年后，中原几无可以御敌之兵，且无可以充饷之银。”至 1949 年中华人民共和国成立前，全国吸食鸦片、吗啡和海洛因者已达 2000 万人之多，占当时全国总人口的 5%，也就是说每 20 个中国人中就有一个吸毒者。

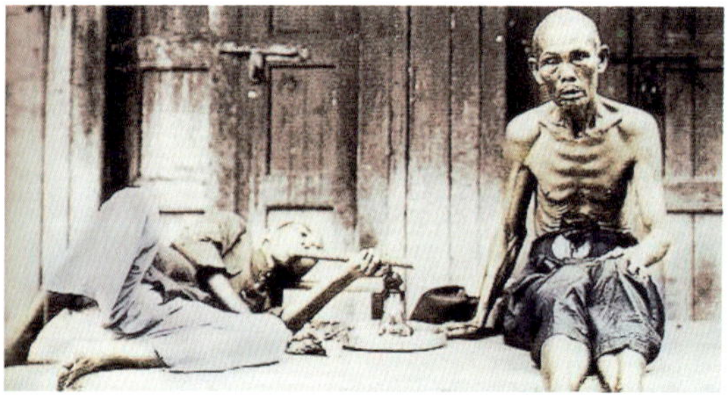

清代烟馆里的烟民

林则徐虎门销烟

1949年中华人民共和国成立后，中国共产党和人民政府采取了一系列禁毒措施，开展了声势浩大的禁毒运动，仅用3年时间，至1952年年底，我国便基本上禁绝了为害百年的鸦片之灾，洗雪了中华民族之耻辱，振奋了中华民族之精神，被国际上誉为“无毒之国”。

然而，从20世纪80年代开始，随着国际毒品消费市场的扩大和贩毒利润的上涨，毒贩子们已不满足从“金三角”经空运、海运至中国香港、新加坡等地再运到西方国家这样的鸦片贩毒路线，我国毗邻“金三角”的漫长边界为过境贩毒提供了便利条件。曾在中华大地几乎绝迹的毒害又死灰复燃、卷土重来，成了我国挥之不散的阴霾。

毒品在我国死灰复燃

2. 禁毒形势依然严峻

（1）近年吸毒人数持续下降，警惕反弹任务艰巨。1989年全国吸毒者约7万人，1991年为14.8万人，1995年增至52万人，2000年为86万人，2005年为116万人，2010年为154.5万人，2011年达179.4万人，2012年增至209.8万人，2013年达247.5万人， 2014年达历史最高295.5万人，2015年首次下降为284.5万人，2020年再次大幅下降为180.1万人，至2021年吸毒人数下降至148.6万人。但全球毒品产量居高不下，毒品网上交易更加活跃，毒品品种更加多样，禁毒工作形势依然严峻。

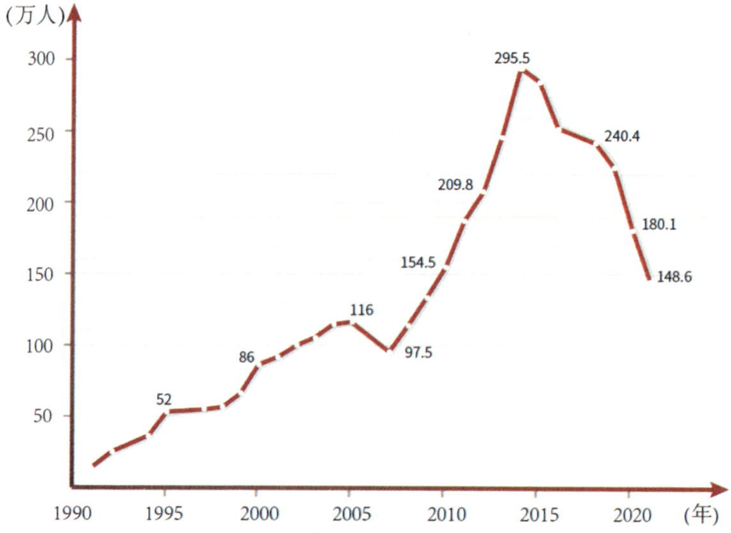

我国历年吸毒人数变化

（2）境外毒品渗透依然是我国毒品的主要来源。我国西南地区毗邻“金三角”，境内外毒贩相互勾结，走私贩毒猖獗。2021 年，我国全年缴获海洛因 1.81 吨，其中来自“金三角”地区 1.78 吨、“金新月”地区 22 公斤，分占缴获总量的 98.3% 和 1.2%；缴获冰毒 15 吨，其中来自“金三角”地区 13.4 吨，占缴获总量的 89.3%。

（3）境内规模化制毒活动得到遏制，但形势依然不乐观。2021 年全国摧毁制毒窝点 123 个，缴毒 1.2 吨，同比分别下降 26.4% 和 89%。规模化制毒活动得到遏制，缴获毒品公斤级以下的案件 70 起，占 64.2%，10 公斤以上案件 6 起，占 2.2%，未发生 50 公斤以上制毒案件。但是不法分子分散购买非列管的易制毒化学品前体，在制毒环节再合成加工成所需的原料，导致越来越多非列管化学品流入制毒渠道，监管、堵截、查处难度加大。

（4）毒品滥用多样化，毒品替代物质增多。受毒品供应和流通数量“双降”影响，国内主流毒品价格居高且普遍掺假，毒品买不到、吸不起、纯度低成为普遍现象，部分吸毒人员减量降频，或寻求麻精药品和非列管物质进行替代，或交叉滥用非惯用毒品以满足毒瘾。

（5）滥用场所更隐蔽，网络平台在线吸毒增多。以往吸毒聚集地多是KTV、酒吧等公共娱乐场所。近两年来私人住宅、出租房屋、私家汽车等逐渐成为吸毒人员主要场所，分散性、隐蔽性强，查处难度加大。随着互联网应用的普及，越来越多的吸毒人员通过网络视频聊天聚众吸毒，发现查处难度增加。

（6）滥用毒品带来的公共安全风险依然存在。前些年刑事犯罪与吸毒是孪生儿，给社会安定、国家建设、人民生命财产安全带来了巨大的危害与损失，如2015年全国破获由吸毒人员引发的刑事案件17.4万起，占刑事案件总数的14%。近几年，随着我国吸毒人数下降，滥用毒品引发的毒驾、伤人、“两抢一盗”等案件大幅减少。但吸毒人员肇事肇祸，影响公共安全的风险依然存在，如一些不法分子利用具有镇静、催眠、麻醉作用的精神药品制成“迷奸水”“听话水”，实施强奸、猥亵等犯罪活动。

（7）吸毒人员向低龄化发展。我国吸毒人群最初是以刑满释放人员、社会闲散无业人员等为主，后来个体工商业者、演艺人员等也出现在吸毒者行列。近些年，吸毒人员向低龄化发展，《2018年中国毒品形势报告》显示，截至2018年年底，18岁到35岁吸毒者125万名，占吸毒人群52%；18岁以下1万名，占0.4%。毒品魔爪已伸向了青少年，伸向了校园，伸向了中小学生。

第二章

毒品对人类社会的危害

第一节 毒品对社会的危害

一、社会沉重的负担

1. 对社会生产力的破坏

吸毒者因吸毒导致机体罹患各种疾病，从而影响正常生活，甚至丧失工作能力。据统计，全世界每年有1000万人因吸毒而丧失劳动能力。吸毒者因吸毒还会导致心理颓丧，大多无法从事生产劳动，即使还在劳作，也极易发生各种意外事故。据报道，美国吸毒者生产事故发生率比普通人高出3 ~ 10倍，由此造成的经济损失每年约有260亿美元。严酷的事实表明，凡是吸毒严重的地区，劳动生产力都会受到极大的破坏，经济状况因此而急剧衰退。

2. 造成社会财富的损失和浪费

对吸毒者的各种医疗费用，缉毒、禁毒力量的投入，药物滥用防治工作的开展，都加重了政府财政负担。美国政府为打击毒品平均每年花费510亿美元，近40年来已耗资超过1万亿美元。我国每年因吸毒造成的直接经济损失达数千亿元，间接经济损失超过万亿元。如今，吸毒已成为社会痼疾在全世界蔓延，是社会发展的沉重包袱。

3. 造成生态环境的恶化

联合国发布的《2022年世界毒品报告》指出，毒品对环境破坏严重，每年由于开荒种植毒品，破坏了大片的原生态植被；在制造可卡因和海洛因过程中排放的有毒物质和废水，破坏了自然资源，污染了生态环境，使水生动物、植物大量死亡。毒品的种植、加工和生产，缩小了人类的生存空间。

二、毒品活动扰乱社会治安

1. 促使犯罪率增加

吸毒与犯罪如影随形，因为吸毒者成瘾后很难摆脱毒品，日均需百元甚至千元购买毒品，一旦自己或家庭的资金满足不了需要时，为了毒资就会置道德与法律于不顾，铤而走险越轨犯罪，行骗、偷窃、抢劫、卖淫接踵而至，甚至行凶杀人或参与贩毒，严重危害人民群众的生命、财产安全和社会安定。美国政府调查显示，吸毒者用于购买海洛因的钱款中 20% 是抢劫获得的，45% 来自贩毒，17% 来自卖淫，12% 来自盗窃，总计约 94% 的毒资来自刑事犯罪活动。

吸毒诱发犯罪

我国 2013 年曾有过统计，一些地方 60% ~ 80% 的“两抢一盗”案件系涉毒人员所为；80% 的吸毒女从事卖淫活动；全国目前存活的艾滋病病毒感染者和病人中，19.3% 是注射吸毒所致；滥用毒品导致的精神失常、行为失控、暴力攻击、自杀自残、毒驾肇事等极端事件屡有发生。

案例 1

北京市曾破获一起特大团伙入室盗窃案，罪犯在不到一年的时间里盗窃 80 余起，窃得现金、存折、电器、相机等，总价值达上百万元。这个五人犯罪团伙就是因吸毒把家产积蓄挥霍一空，为了解决毒资而走上了合伙盗窃的犯罪道路。

案例 2

28 岁的王某，几年前染上毒瘾，为筹毒资四处行窃。一日，他翻窗入室行窃时，恰遇房主夫妇归来，他挥刀行凶将房主夫妇双双杀死。

案例 3

27 岁的张某长期吸食毒品，2016 年 12 月 21 日驾车将一个 7 岁小男孩骗上车，用菜刀杀死，将其头部和躯干分别丢进附近草丛后逃离现场。虽然医学研究表明长期吸毒可对人体大脑中枢神经造成不可逆的损伤，但法律对于因吸毒导致精神障碍犯罪，一般不作为从宽处罚的理由。张某犯罪手段残忍，情节特别恶劣，罪行极其严重，2020 年 6 月 17 日被依法执行死刑。

2. 武装贩毒危及世界和平

为了牟取巨额利润，一些毒品主产地的贩毒已经集团化，其暴力活动之猖獗、手段之残忍令人发指，严重地危及了国家安全与世界和平。其中以墨西哥最为典型，20 世纪末贩毒集团拥有众多的地下工厂、国际运输贩卖网络、现代化的武器装备，是恐怖组织与黑社会的结合体，残忍杀害警察、军人、政府官员甚至无辜百姓。2006 年墨西哥政府加大禁毒力度，到 2012 年时，墨西哥警方已成功抓捕或击毙 22 名被通缉的毒枭（共 37 名），并清洗了一大批腐败司法官僚。但政府也付出了巨大代价，2008 年至 2011 年，墨西哥先后有两位致力于缉毒的内政部长死于非命，两名高级警官与 19 名市长相继被贩毒集团谋杀，2020 年米却肯州刑事调查局长的尸体在当地一处乱葬岗中被人们发现。

案例 4

古斯曼是墨西哥大毒枭，其贩毒网络遍及全球，将可卡因、海洛因和冰毒源源不断地走私到美国等地。1993 年古斯曼被逮捕，在监狱的严密监押下，竟于 2001 年逃出监狱，在逃 13 年之后又被警方捕获。令人想不到的是，再次入狱的古斯曼，2014 年 7 月通过牢房浴室地下一个近 1 英里长的地道第二次越狱。2016 年 1 月 8 日凌晨，墨西哥海军和联邦警察在一场联合抓捕行动中，将古斯曼再度缉拿归案。2017 年古斯曼被严密押往美国，被判终身监禁。

我国的贩毒分子虽然没有形成大规模的武装团伙，但贩毒人员武装贩毒、武装拒捕事件屡有发生。2013 年，全国共破获武装贩毒案件 291 起，缴获枪支 422 支，战斗中致我方 225 名缉毒警察伤亡。2015 年，全国破获涉枪毒品目标案件 257 起，缴获各类枪支 466 支、子弹 3 万发。2019 年有 427 名缉毒警察为禁毒事业光荣牺牲。

墨西哥大毒枭古斯曼落网

中国警方缴获毒贩的武器

三、艾滋病的温床

艾滋病是“获得性免疫缺陷综合征”的简称，英文缩写是 AIDS，它是由人类免疫缺陷病毒（HIV）传入人体后，破坏人体的免疫功能而出现的一系列症状，最后导致死亡。目前，全世界尚无一种有效的手段控制艾滋病，故其被称为“世界超级瘟疫”。

艾滋病的传播途径主要有三种：一是性传播，在性行为过程中性伴侣为艾滋病毒携带者且过程中未采取安全的保护措施而感染；二是血液传播，包括不安全使用血液和共用注射器静脉吸毒；三是母婴传播，女性艾滋病毒感染者可以通过妊娠、分娩和哺乳，将病毒传给胎儿或婴儿。吸毒者与前两个因素相关，尤其与不洁注射关系密切。吸毒者之间常常共用一只注射器轮流静脉注射毒品，其中有一人染有艾滋病，就会传播给其他吸毒者。联合国毒品和犯罪问题办公室、联合国艾滋病规划署和世界卫生组织 2015 年最新数据估计，全球注射吸毒者人数为 1270 万人，其中携带艾滋病病毒者达 170 万人，占 13%。

案例 5

阿丽的父亲病重身亡，母亲不久也撒手人寰，阿丽只得带着两个弟弟和一个妹妹艰难生活。由于精神压抑，阿丽结交了不良的朋友，开始吸食海洛因以麻醉自己。一次毒瘾发作，她实在忍不住，用了一个艾滋病毒友的针筒，由此感染了艾滋病。

据我国 2002 年统计，艾滋病传播途径比率分别为：经静脉注射吸毒感染占 68%，经采血（血浆）途径感染占 9.7%，经性接触途径感染占 7.2%，血液和血制品感染占 1.5%，母婴传播为 0.2%，尚有 13.4% 传播途径不详。近几年在政府的禁毒干预下，因注射吸毒感染艾滋病病毒的比率大幅度下降，性交感染又成为主要传播途径。吸毒者因不良性行为和不安全性行为加剧了艾滋病的传播。美国曾做过调查，

吸毒者交叉静脉注射吸毒

与男性吸毒者有性接触的女性艾滋病的发病率比一般人群高 30 倍。

第二节 毒品对家庭的危害

一、财尽家亡

清代有人对吸毒者作诗画像："瘾发神疲，叹滚滚钱财何用？只朝吹暮吸，哪管它日烈风寒，纵妻怨儿啼，都装作天聋地哑。独剩下几寸囚毛，半抽肩膀，两行清涕，一具枯骸。"一个人一旦吸毒成瘾后，为购买毒品会很快耗尽家庭积蓄，然后就会变卖家财，四处举债，最终倾家荡产。

案例 6

内蒙古的王某，十几年前曾经是名百万富翁，一家三口过着富足幸福的生活。后来在朋友的引诱下，他尝试着吸了几次海洛因，便走上吸毒的道路。十几年来，为了购买毒品，王某不仅花掉了全部的积蓄，卖掉了房子，甚至偷光了父母的养老钱。

案例 7

49 岁的何某，19 年间五进戒毒所，劳教的时间多于在戒毒所外的时光，为了吸毒，他耗资 5000 万元，散尽家财。为了避免吸毒给家人带来灾难，婚后 5 年，他就把老婆和孩子送到了加拿大，从儿子出生到现在，他们在一起的时间不超过 60 天。除了和"毒友"在一起的短暂刺激外，他没有任何人生的快乐。

吸毒者家徒四壁

二、妻离子散

家中只要出现了一个吸毒者，就意味着这个家庭贫穷和充满矛盾的开始，妻离子散、家破人亡是许多吸毒者的结局。

案例 8

2015 年，记者在绵阳市强制隔离戒毒所采访了 36 岁的周某。在接触毒品以前，周某曾是一家贸易公司的老板。2011 年在一次聚会上，他第一次尝试了毒品的滋味，后来有了第二次、第三次……成瘾不能自拔。“不想回家，不想做事情，惰性很大，害怕见光，就待在宾馆或毒友家里，不分白天黑夜地吸食毒品。”不到两年时间，周某的百万家产全部被耗尽，包括房子、车和存款。绝望的妻子起诉离婚，带着 4 岁多的儿子离开了他。

案例 9

祝某，曾是一家饭店的总经理，前途无量。但偶尔一次的以身试毒，就被杜冷丁诱入万丈深渊，他不再上班，整天与杜冷丁为伴。他打完就睡，醒来再打，昏昏沉沉……先后注射了约 1500 支杜冷丁。一次，他毒瘾发作，竟然在自己身上一口气注射了 40 支杜冷丁，差点死去，幸亏医院抢救及时，才保住了他的一条命。妻子曾再三规劝丈夫戒毒都无济于事，最后，妻子看到他真是无可救药了，坚决提出了离婚。

三、道德沦丧

“烟瘾一来人似狼，卖儿卖女不认娘。”吸毒者成瘾后就会变得麻木不仁，六亲不认，泯灭天良，道德沦丧。

案例 10

2013 年年底，阿某和丈夫基某从四川老家来到山东打工，一次，阿某得了重感冒，吃药也不见好，一热心老乡卖给她一种“特效药”，服下“药”之后病情确有好转，但几天后她便对“药”产生了很强的依赖感，从此染上毒品，并将她的丈夫也带入了深渊。深陷毒瘾的阿某和基某无力筹措毒资， 2014 年 2 月，二人以 5.2 万元的价格将小女儿卖掉。钱花光后，两人又将自己三岁的大女儿卖了 1 万元。法院经审理判决，阿某、基某已构成拐卖儿童罪，阿某被判处有期徒刑七年，基某被判处有期徒刑六年零六个月，并各处罚金人民币 2 万元。

案例 11

一个开饭馆的女老板离异后与自己未成年的女儿相依为命。一次，她接过客人递上的一支“香烟”，从此就被掺在香烟中的海洛因俘获，她的毒瘾越来越大。为了筹措毒资，她操起了皮肉生意，但仍满足不了购买毒品的需要，于是，她诱迫自己年幼的女儿为娼卖淫，任人凌辱。

第三节　毒品对吸毒者个人的危害

一、毒品导致死亡

1. 吸毒过量

毒品导致死亡最主要的原因是吸毒过量，占吸毒死亡总数一半以上。吸毒过量会立刻引起中枢神经的过度抑制，使呼吸减慢、发生昏迷，严重者则会因呼吸停止而死亡。为什么会出现吸毒过量呢？一些青少年初尝毒品，因不了解毒品注射的正常剂量而过量；长期吸毒者产生耐受性，为保持快感加大用量导致相对超量；部分吸毒者长期吸食不纯毒品，因此每次获得的毒品纯度不同，偶获高纯度毒品却仍按原剂量吸食就会造成过量。此外，含有大量杂质的毒品，其中有些杂质成分也可能加剧毒性致吸毒者死亡。

案例 12

美国乐坛天后惠特尼·休斯顿因婚姻不幸而染毒，在事业辉煌期间所赚的千万身家也在毒品上消耗殆尽。2012 年 2 月休斯顿在一家酒店的浴缸中溺死，警方经过勘察，死因系可卡因吸食过量。她的女儿从小受其吸毒的影响，也染上毒瘾，3 年后也因吸毒致死，年仅 22 岁。

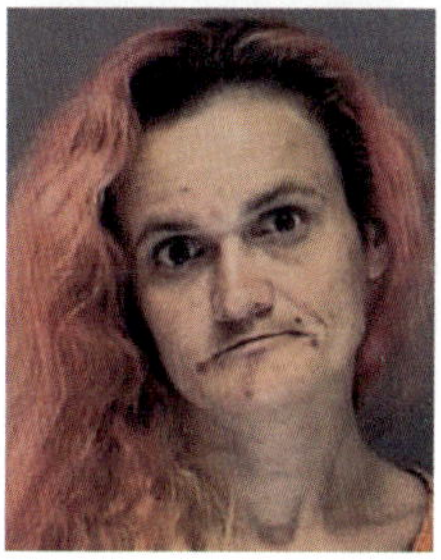

吸毒者成瘾前后变化

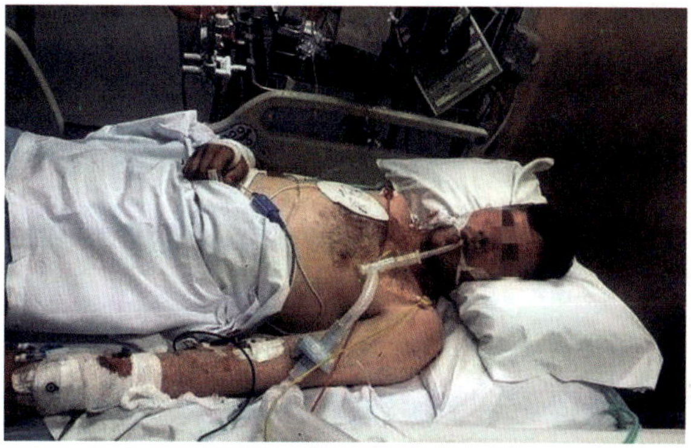

吸毒过量致死吸毒者成瘾前后变化

2. 并发症致死

吸毒易导致心内膜炎、败血症、肺炎、肺气肿、破伤风等并发症，若控制不住并发症的发展，最终会致吸毒者死亡，这是吸毒致死的第二大因素。

3. 机体极度虚弱致死

吸毒者因吸毒，食欲往往会减退甚至发展成厌食症，几乎不吃不喝，致使身体极度虚弱，骨瘦如柴。常有吸毒者走在路上，突然一头栽倒而死。

4. 精神障碍致死

毒品还会导致精神障碍、变态，使吸毒者做出一些常人不可能做出的荒唐举动。如致幻剂会使人产生幻觉，有的吸毒者为了搏击长空而从高楼纵身跳下，有的吸毒者因抑郁过度而自尽。

5. 自杀身亡

因经济拮据、毒品断档等原因导致吸毒者发生自杀行为。如毒品突然中断，吸毒者因毒瘾发作痛苦难忍而自杀身亡。

案例 13

2022 年 4 月 25 日，一名中国男子在柬埔寨西哈努克省一酒店跳楼自杀。据警方称，这名男子跳楼前曾吸毒，吸毒后开始出现精神障碍，已经严重到“无法控制自己的情绪”的地步，用刀割腕后，从 13 楼跳楼身亡。

案例 14

我国台湾歌手江明学 20 世纪末红极一时，后因车祸重创，缝了 100 多针，从此生活潦倒，染上毒瘾。2019 年 6 月 8 日，因他好几个月未缴房租失联，房东报警，警察破门而入时，发现他已在屋内上吊身亡。

二、毒品对人体健康的损害

1. 对精神系统的损害

毒品具有生理依赖性与心理依赖性，一旦染毒，毒品便成了吸毒者的全部生活重心，吸毒者会渐渐对工作、学业、家庭、父母、爱人、子女都丧失兴趣，并表现出精神萎靡、道德沦丧、冲动易怒、攻击伤人或寻死自杀等精神障碍。

2. 对机体其他系统的损害

毒品对呼吸、消化、心血管、免疫等各系统都有影响，从而引发各种并发症。如果采用烫吸或烟吸方式吸毒，会刺激气管及肺部而导致支气管炎、肺炎、哮喘等；如果采用注射方式，易导致栓塞性脉管炎、皮肤感染、

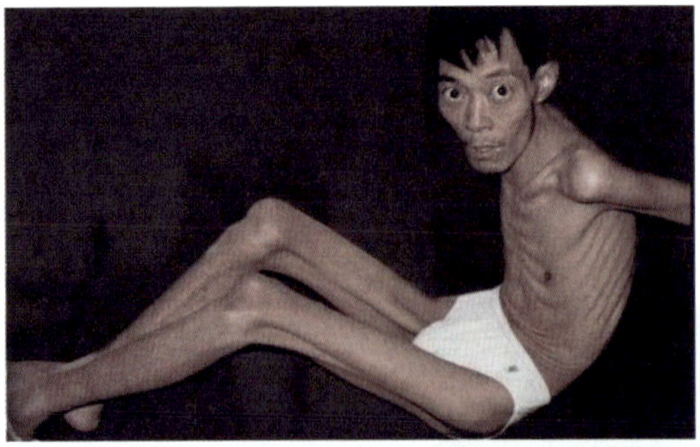

吸毒对健康的摧残

心内膜炎、破伤风、肾小球肾炎、急性肾衰、肝炎和艾滋病等；滥用毒品会引起心肌梗死、心律失常、肺心病等心血管系统疾病。吸毒导致的各种并发症中最突出的是营养不良，吸毒可引发呕吐，食欲下降，抑制胃、胆、胰等消化腺体的分泌，从而影响食物的消化吸收，导致严重营养不良，体重急剧下降。有人形象地说：吸进去的是白色的粉末，吐出来的却是自己的生命。

案例 15

一个正在戒毒所戒毒的小伙子面对记者采访时愧悔地说，他原来有160多斤重，染上毒瘾后整日不思茶饭也不觉着饿，体重骤减至80斤，一阵风都能把他吹倒。另一个吸毒者回忆道：过去自己高大魁梧，200斤重的粮食一扛就走，可现在却连一小桶水也拎不动；原来手腕一把握不过来，如今只剩下一层皮包着骨头。

三、毒品对母婴的影响

海洛因、吗啡可经胎盘传给胎儿，孕妇在吸毒1小时后，便可在胎儿体内测出毒品成分。孕妇吸毒时间长于一年者，娩出的新生儿60%～90%会出现戒断综合征。

孕期妇女吸毒还可导致胎动增加、死胎、畸胎、早产、发育障碍、胎儿过小等，且新生儿免疫力低，其死亡率达2%～5%。美国学者曾做过调查，在吸毒最严重的华盛顿黑人社区医院里出生的婴儿，竟有半数因母亲吸毒而患有各种各样的疾病，其死亡率也高于其他城市两倍。

毒品经母体吸食后，不仅会经过胎盘传给胎儿，哺乳期的妈妈还会通过乳汁传给新生儿使之成瘾。

女性吸毒者还常见月经异常、性功能低下、妊娠机能低下、不育症等。

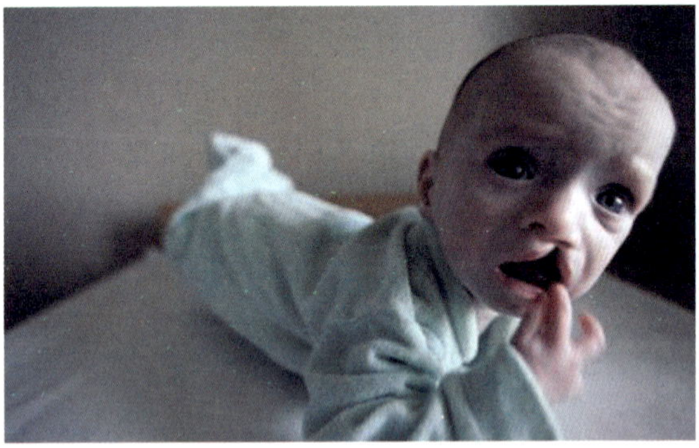

吸毒导致新生儿畸形

案例 16

在我国南方某妇产医院，一名新生婴儿号哭不止、难以入睡、呼吸急促、哈欠喷嚏连连，还拼命把小手往嘴里塞，甚至出现腹泻、呕吐、抽搐等症状，经诊断为海洛因毒瘾发作。原来其母是一名吸毒者，婴儿在胎内就与母亲通过脐带染上了毒瘾，刚刚来到人世就要进行戒毒治疗，令人痛心。

第四节　毒品的滥用及其危害

一、阿片类毒品的滥用及其危害

1. 阿片类毒品

阿片类除天然来源于罂粟壳、鸦片、吗啡、可待因外，还来源于一些合成、半合成的化合物，如杜冷丁、福可定、芬太尼、美沙酮、镇痛新等，还有已被摒弃在药物之外的海洛因、二氢埃托啡。

（1）罂粟。罂粟原产于地中海东部，其适应性极强，从非洲的热带气候到地球北部的寒带气候都能生长。罂粟为一年生植物，植株高0.6 ~ 1.5米，花为紫色、红色或白色。罂粟花落后，在顶端结成椭圆形的果实——罂粟果。将罂粟果表皮划破，会流出乳白色的浆汁，浆汁暴露于空气后干燥凝结，形成褐色或黑色的生鸦片。生鸦片一般不能直接吸食，需经过烧煮和发酵，进一步精制成熟鸦片方可使用。鸦片中含有吗啡、可待因等30多种生物碱，其中吗啡含量为10% ~ 15%。

远在新石器时代晚期人们就知道如何收集鸦片，那时人们是把它当作止痛安神的药物来使用。公元7世纪的隋唐时期罂粟经波斯传入我国。目前临床所用麻醉性镇痛剂都是从鸦片中提取或用其提取成分加以改造而来的。如果没有这类镇痛剂，人类还要在各种剧痛中备受折磨。只因这类药物具有较强的成瘾性，被不法分子利用，才使它有了罪恶的一面。

（2）阿片。“鸦片”与“阿片”是opium的不同译名，医学上叫作“阿片”，在社会领域中多称为“鸦片”。从古至今它还有许多别名、俗称，如阿芙蓉、黑米、福寿膏、烟土、大烟、洋土、“999”等。

16世纪末至19世纪中叶，鸦片曾作为毒品在世界范围内大肆泛滥，尤其是殖民主义帝国为了掠夺殖民地国家的财富，曾公开大肆贩卖毒品。毒品对社会和人类健康的危害极大，遭到世界各国人民的强烈反对，而贩卖毒品的殖民扩张主义国家亦自食恶果，导致国内毒品泛滥。因此各国政府陆续开始限制鸦片的合法买卖，毒品生意逐渐转入地下走私，进入低谷。但20世纪80年代后，由于毒品制备手段的提高和巨额利润的诱惑，全球性的毒品大泛滥再次形成。

阿片目前在药物中还有应用，多用于镇咳，如阿片粉、阿片酊、复方桔梗散等。止痛用途则已被在阿片基础上衍生出的各种新型止痛剂所取代。阿片长期使用具有很强的成瘾性，故阿片类毒品仍居当今世界毒品之首。

（3）吗啡。1803年，一名德国青年药学家从阿片中提取出一种单一的生物碱，其镇痛、镇咳作用大大优于阿片这种混合生物碱，于是他便仿照希腊睡梦之神Morphens的名字，将其命名为吗啡（morphine）。纯净的吗啡为无色或白色粉末，粗制吗啡为黄褐色粉末，故又称为“黄皮”“黄砒”等。

吗啡的出现开创了阿片类镇痛药的现代史，其镇痛作用是自然存在的任何一种物质都无法比拟的，几乎适用于各种严重疼痛。此后人们根据吗啡的化学结构开发出一系列新型镇痛药物。吗啡是阿片成瘾的主要成分，因为用吗啡比用阿片的快感强烈得多，瘾君子们便纷纷将抽大烟（阿片）改为“扎吗啡”。同等质量的吗啡和阿片，注射吗啡的效果比吸食阿片强烈 10 ～ 20 倍。

（4）海洛因。自从人们在阿片中提取吗啡成功后，便在吗啡结构的基础上合成或半合成了一系列的衍生物。1874 年英国人赖特在吗啡的基础上合成出二乙酰吗啡，1898 年由德国拜尔药物化学公司以海洛因（heroin）为商品名作为阿片戒断药批量生产。但在应用中很快发现海洛因的药效虽是吗啡的数倍，但毒性也是吗啡的 4 ～ 8 倍，特别是成瘾性比吗啡更为强烈。谁也没料到，原本作为医学事业发明的海洛因却无可挽回地导致了全人类永远的痛苦。

海洛因为白色粉末，俗称“白面”“白粉”，比起鸦片、吗啡，海洛因更易藏匿运输。现在走私贩卖和吸食的阿片类毒品几乎都是海洛因，它已成为当今世界泛滥最严重的毒品，人们把它称为毒品之王。海洛因依据其纯度有若干型号之分，其中“4 号”海洛因纯度可达 80% 以上。

罂粟

鸦片

海洛因

（5）杜冷丁。杜冷丁由 dolantin 音译而来，是吗啡类衍生物盐酸哌替啶的商品名，临床上多采用针剂代替吗啡缓解各种剧痛，如创伤、烧伤、手术后、晚期癌症等造成的疼痛。虽然杜冷丁镇痛效果仅为吗啡的 1/10，但因其成瘾性相对较小，依赖性发展慢，临床应用较多。

成瘾性小不等于不成瘾，长期使用同样会形成严重依赖性，因此杜冷丁被列入麻醉药品管理。我国《麻醉药品和精神药品管理条例》规定，执业医师应当使用专用处方开具麻醉药品和精神药品，单张处方的最大用量应当符合国务院卫生主管部门的规定。对麻醉药品和第一类精神药品处方，处方的调配人、核对人应当仔细核对，签署姓名，并予以登记；对不符合规定的，处方的调配人、核对人应当拒绝发药。医疗机构应当对麻醉药品和精神药品处方进行专册登记，加强管理。麻醉药品处方至少保存 3 年，精神药品处方至少保存 2 年。

案例 17

2005 年 6 月，沈阳市公安局禁毒支队发现，一些吸毒人员有大量杜冷丁，而且货源充足。经侦查，警察发现货源来自山东 4 家医院院长之手，他们倒卖杜冷丁从中牟利。法院判定其行为均已构成贩卖毒品罪，对 4 人根据犯罪情节分别判处无期徒刑和 5 ~ 10 年有期徒刑，并处罚金。

（6）含阿片类的止咳药。2005 年 3 月 30 日《北京青年报》报道：高考的日子已经很近了，与此同时，到京城多家药店购买止咳糖浆的学生和家长大量增加。记者在采访中了解到，在很多高中生中都流传着“喝止咳糖浆能兴奋、提神、记东西快”。

20 世纪 80 年代末至 90 年代初，止咳糖浆在我国香港青少年中就曾滥用成风。一些舞厅“摇头族”使用的所谓“摇头水”就是可乐加摇头丸，再加含吗啡类止咳糖浆兑成的。

为什么止咳糖浆会出现滥用现象呢？一些止咳药为了增强止咳效果，其中加有国家允许一定限量的阿片类药物，如复方桔梗片、复方甘草合剂等加有阿片浸膏；神奇止咳冲剂、强力止咳露、汉方止咳露等含有罂粟壳成分；复方甘草片、联邦止咳露、菲迪克止咳糖浆、佩夫人止咳露、可愈糖浆、可菲糖浆等含有可待因成分。虽然镇咳药中的阿片、罂粟壳、可待因成分含量较少，但若大量服用同样可使人有精神愉悦的效果。此外，止咳药中多含有麻黄碱或丙醇成分，它们也有精神刺激的作用。

滥用止咳糖浆严重危害青少年的身心健康，可导致阿片类毒性反应和戒断症状，并可造成性格古怪、生活颓废、学习成绩骤降等后果。嗜饮止咳糖浆还易诱导服用者滥用毒瘾更大的大麻、冰毒、海洛因等毒品。

此问题引起国家药品监督管理部门的高度重视，目前已将含阿片类的止咳药列入处方药管理，也就是说购买此类药物必须凭医师处方，而不能像以前那样随意购买了。

（7）罂粟壳。罂粟壳又称米壳、御米壳等。罂粟的果实在夏季割浆制取鸦片后，仍留于枝头，至秋季成熟后采摘干燥就是罂粟壳。罂粟壳中仍含有少量阿片成分，入药有止咳、止泻等功能。罂粟壳久服也有成瘾性，在我国也被列入麻醉药品管理范围，只供药厂制药和医院配药使用，不准零售。

近些年，一些餐饮企业老板，通过非法渠道获得罂粟壳，将其掺入火锅底料、麻辣烫底料、胡辣汤或熟食中，想以成瘾性招徕回头客牟取暴利，此种行为违反了我国《食品安全法》的规定，需要承担相应的法律责任。

案例 18

2017 年 10 月，四川绵竹一火锅店老板殷某某为增加火锅“香味”，将罂粟壳粉末掺到火锅底料中，后被当地食品药品监督管理部门查获，移交警方。2018 年 8 月 23 日，法院进行公开审理，判定其行为已构成《刑法》第 144 条规定的生产、销售有毒、有害食品罪，殷某某被判处有期徒刑 2 年，缓刑 2 年，并处罚金 2 万元。

2. 阿片类毒品滥用的危害

（1）成瘾性。吸毒者用了阿片类毒品之后可享受短暂的欣愉，但当其连续滥用毒品后，一旦停用，毒瘾就会发作，这就是医学上所称的“戒断症状”。戒断症的具体表现为剧烈头痛、身体其他部位的疼痛，全身打寒战、发冷、打哈欠、流涕、抑郁、恐惧、肢体抖动、心跳过速、虚脱晕厥等，甚至痛苦至自残、自杀。

案例 19

一名瘾君子毒瘾发作时，她开始感到一阵阵寒冷，接着浑身上下骨头里出现难以忍受的疼痛，她像发疯一样地在地上翻滚，抽搐，口唇、面颊一片惨白，额头上渗出汗珠，她哭喊着：“你们快点把我杀了吧，我实在不想活了。”

（2）急性中毒。由于毒品来源不同、质量不一，吸毒者极易因吸食过量而发生急性中毒乃至死亡。据美国、英国调查发现，两国吸毒者因过量吸毒死亡率分别为 1.6% 和 3%。俄罗斯毒品控制局官员报告，俄罗斯每年约有 7 万人因吸毒过量而死亡。

（3）慢性中毒。长期吸食毒品对人体的各个器官都有着十分明显的危害。对消化系统的危害有导致吸毒者恶心、呕吐、食欲下降、便秘、营养不良、面黄肌瘦；对呼吸系统的危害有导致气管炎、肺炎、肺水肿、肺心病等；对神经系统的危害有导致口渴、冷汗、眩晕、嗜睡或失眠，严重时精神恍惚、昏迷；对生殖系统的危害有导致性功能低下、月经不调、不孕、死胎等。

吸毒还易导致性病、艾滋病、肝炎、破伤风、败血症等各种感染性疾病。长期吸毒会使身体极度虚弱，毒瘾发作时极易虚脱。

（4）对工作和生活的影响。吸毒者在吸毒后情绪高涨、兴奋活跃，而断药后则情绪低落、沮丧多疑。这两种情绪交替出现，使吸毒者总是处于一种喜怒无常的病态之中，久而久之，就会对生活、家庭、工作失去兴趣，进而家庭破裂、事业失败，只能逐渐陷入毒品的深渊，放弃美好的生活与前途。

二、可卡因类毒品的滥用及其危害

1. 可卡因类毒品

（1）古柯叶。南美洲安第斯山一带生长着一种常绿灌木古柯树，当人咀嚼了它的叶子后便可以不知疲劳、不知饥饿、精神振奋。相传在古印加帝国时期，统治者认为古柯叶之所以有如此神奇的力量，是因为它是太阳神赐给的神物，所以最初古柯叶只限于王侯贵族和僧侣享用，后逐渐传到民间。据说当时古印加帝国有很发达的邮政网，邮递脚夫就是靠古柯叶消除疲劳，行走如飞的；士兵用了它，作战拼死厮杀，英勇无比；采矿的奴隶用了它，力量惊人，劳作效率提高。侵占南美国家的欧洲人发现了古柯叶的神奇作用后，便于 19 世纪后半叶开始，将大量的古柯叶运往欧洲。为何小小的古柯叶能有如此魔法，原来古柯叶中含有可卡因，可卡因才是这一魔法的原动力。

（2）可卡因。1862 年，一名德国科学家从古柯叶中提取出一种生物碱，其含量占古柯叶的 0.6% ~ 1.8%，这就是可卡因（cocaine），也叫古柯碱。当时人们认为自己找到了一种没有副作用的消遣良药，可卡因曾一度作为“有魔力的药物”得到社会认可和应用，一时间在欧美大陆刮起“可卡因风”，人们不仅将其作为药用，而且掺入烟、酒及饮料中。当时奥地利著名的心理学家弗洛伊德曾大力提倡用可卡因来解除忧郁和慢性疲劳。可卡因制品在当时还得到大发明家爱迪生、著名剧作家易卜生、罗马教皇利奥八世等名人的称道。

但人们很快发现可卡因虽然能给人带来欣快感，同时也会使人易怒和出现精神障碍，并具有成瘾性。因此，20 世纪 20 年代各国已逐渐停止把可卡因当作消遣药使用。

20 世纪 60 年代，发达国家的年轻人中又开始滥用可卡因，可卡因有了“雪花”“尘埃”“女郎”“金粉”等美丽的俚称。至 20 世纪 80 年代，哥伦比亚、秘鲁、玻利维亚等南美国家成了世界上可卡因的生产销售基地。由于可卡因加工生产工艺简单，原始森林中有众多的地下“制药厂”，使这种兴奋剂迅速充斥了欧美市场。美国曾盛行的一种名为克赖克（crack）的毒品就是高纯度的可卡因。

可卡因的吸食方式主要是鼻吸和静脉注射两种，其社会危害不亚于海洛因。

对于人类来说，可卡因有过亦有功，现在临床上常用的普鲁卡因、丁卡因、利多卡因、地布卡因等麻醉剂均是在可卡因结构的基础上改造而来的，这些麻醉剂不具有成瘾性，但可卡因本身是具有成瘾性的，目前仅将其用于黏膜表面的局部麻醉。

案例 20

1997 年 6 月的某天，摩洛哥卡萨布兰卡长达 40 多公里的海滩上漂满了装有可卡因的塑料袋，据警方统计竟有 6 吨之多，可供 30 万名吸毒者使用两年。摩洛哥警方与欧洲国家、美国及国际刑警组织共同合作进行调查，原来这些可卡因是毒贩准备从哥伦比亚运往西班牙的，由于运送船发动机发生故障，为了保住性命，不得不把毒品抛向大海。

案例 21

2022 年 5 月 6 日，瑞士雀巢员工报警，称在卸载从巴西运来的咖啡豆中发现了一种不明白色物质，警方随即对白色粉末进行分析，结果证明是可卡因。这批可卡因超过 500 千克，纯度超过 80%，其市场销售价值约 5000 万法郎（约 3.4 亿元人民币）。有关人士分析，可能是雀巢管理漏洞给了毒贩可乘之机，案件最终有待警方侦破。

收获古柯叶

可卡因

警方查获可卡因

2. 可卡因类毒品滥用的危害

（1）急性中毒。由于可卡因产生欣快感的剂量与中毒剂量十分相近，加之个体差异和耐受程度差别很大，因此，吸食可卡因者往往在解除疲劳、振奋精神和有欣快感的同时也会出现中毒反应，如话语增多、头痛、心悸、血压上升、焦躁不安、高热出汗、恶心、呕吐、皮肤感觉异常、抽搐惊厥、呼吸抑制、心律失常、心力衰竭等症状，甚至死亡。

（2）引起精神障碍。当吸食可卡因剂量过大时，吸毒者就会产生触幻觉与嗅幻觉，最典型的是吸毒者会体验到皮下虫行蚁走感，奇痒难忍，造成严重抓伤甚至断肢自残，情绪极度不稳定，还常伴有暴力或攻击行为。

（3）成瘾性。滥用可卡因可产生一定程度的生理依赖和心理依赖，特别是心理依赖更为强烈。长时间大剂量使用可卡因后突然停药，会出现抑郁、焦虑、失望、易激怒、疲惫、失眠、厌食，甚至伴有偏执观念与自杀意念。长期滥用者人格可发生变化，旷工、旷课、欺骗、盗窃、抢劫，造成严重的社会危害。

（4）罹患慢性疾病。可卡因抑制食欲，长期吸食者多营养不良，体重下降。静脉注射可卡因易引起肝炎、血管栓塞、心内膜炎、艾滋病等；若采用鼻吸方式，可致慢性鼻炎、咽炎、支气管炎、肺炎等。

（5）影响母婴的健康。孕妇吸食可卡因可使新生婴儿一出生就带有毒瘾，情绪烦躁不安、不停哭闹、视力不集中、舌头无法伸出，也不能吸吮东西。此外，还易导致流产或死胎，或生出畸形、弱小的“可卡因婴儿”。

三、致幻剂的滥用及其危害

1. 致幻剂的滥用史

“在林中吃了一种野果，一株蘑菇，便使你进入了幻境，宛如梦中一般”，这种描写在神话故事和童话故事里屡有出现，这些描写并非作者凭空杜撰。有些植物被人食用后，就会使人产生各种各样的幻觉，有的可以让人感觉物体变小，有的可以让人感觉物体变大，有的让人有翱翔天空的感觉，有的让人感觉周围色彩斑斓。1726 年英国作家斯威夫特名著《格列佛游记》里对“大人国”“小人国”的描写、圣诞老人驾驭驯鹿雪橇腾空而起、童话故事里的红色蘑菇小屋，都与这些致幻物质不无相关。

致幻剂亦称迷幻药，具有改变人的知觉过程的能力，能引起视幻觉、听幻觉，使人感觉脱离现实，进入梦幻般的境地。据使用者的忆述，在使用致幻剂后，多数情况下，最初能看到物体从边缘起呈红色，最后完全变成黄色等鲜艳的颜色；不久，当注视某物体时，它就变成了奇怪的形状，如天花板、床等变成流动的波浪形，此时即使闭上眼睛，各种形状和色彩的物体也会时隐时现。有人感觉已经生活了几千年那样久远，有人走几步却感觉如同长途跋涉了千万里。此后就会有一种莫名的恐惧感袭来，如有的人感觉自己被高速路上的汽车轧断。在这些幻觉驱使下，吸食者往往做出令人感到不可理喻的举动，更有甚者为了尽快逃离幻觉中的危险境地，竟从高层建筑顶部或窗户跳出坠地而亡。

人类应用致幻剂的历史可以追溯到公元前几千年，毒蝇伞菇、皮约特仙人球、裸盖菇等原植物都曾被人们在祭祀仪式时食用，但那时致幻剂并未滥用。到了 20 世纪 60 年代，致幻植物里的多数活性成分都被分离提取，许多新合成的致幻剂随之相继问世，致幻剂从此开始在西方青少年中流行。1966 年美国约有 100 万人使用致幻剂。据当时资料记载，15 岁以上的美国人中约有 38% 的人服用过致幻剂，致幻剂的滥用给社会带来了一系列的严重问题。

2. 致幻剂的种类

（1）麦角酸二乙酰胺（LSD）。禾本科农作物黑麦、小麦、大麦、燕麦等若被一种叫作麦角菌的真菌感染，其种子子房外观不变，而子房内却形成了菌核。这种染病的麦粒称为麦角，其中含有多种生物碱，可用于产后止血及子宫复原。LSD 是在麦角生物碱的基础上半合成的物质，有强烈的致幻作用，是致幻药的代表，肉眼都看不到的 10 微克就可以产生欣快感，50 ~ 100 微克就可出现幻觉，持续作用 6 ~ 12 小时。

吸食 LSD 后会产生视幻觉、听幻觉及触幻觉，如处梦境，变幻莫测，各种稀奇古怪的念头都会出现，瘾君子称如同进行了一次“快乐的旅行”。甚至停药几天乃至数月后还会“闪回”，再现这些离奇怪诞的幻觉。1943 年合成 LSD 的化学家把服用致幻剂的体验描绘如下：“回家之后就躺下了，看见家具等七扭八歪，外面的光就像火一样鲜明耀眼，一闭上眼睛，眼前的世界如同变化万千的万花筒那样色彩斑斓，花样无穷。但不久就情绪狂躁，产生强烈的恐惧感。”美军中情局曾设想让所有卧底特工每人携带一点 LSD，一旦身份暴露被俘就服下，然后就可以放心地胡说八道了。

LSD 在美国是 20 世纪 60 年代兴起的，是当时嬉皮士玩世不恭的灵丹妙药。可 LSD 带给吸毒者的不仅仅是“快乐之旅”，还有“恐怖之旅”，因为 LSD 不但会给人带来欣快感，还会使人产生恐怖的幻觉。除了具有致幻作用，LSD 还会使人出现瞳孔放大、颜面发红、心跳加速、动作失调、震颤、高热、高血糖等有损健康的不良反应。

（2）麦司卡林。在美国西南部和墨西哥，遍地生长着各种各样的仙人掌、仙人球，当地人榨其汁做饮料，取其肉做菜蔬，清淡爽口。人们在食用仙人掌时发现有一种叫作皮约特的仙人球与众不同，食用后可以解除疲劳和饥饿，甚至还会产生神秘昏然、光怪陆离的感觉。于是古印第安人特意在祭祀仪式上或部落庆典时食用，以享用它的神秘魔力。

到了 1869 年，有人从皮约特仙人球中提取出麦司卡林（mescaline），化学名称为三甲氧苯乙胺。只要食用一点点麦司卡林，就会使人产生比皮约特仙人球还强烈的幻觉，因此麦司卡林曾是当时最流行的致幻剂。

麦司卡林是强致幻剂，没有什么医药用途。吸食后除产生致幻作用，还会致情绪抑郁、瞳孔放大、心跳过速、肢体反射亢进、震颤、恶心、呕吐等不良反应，长期服用可致器官损害。

（3）裸盖菇素。蘑菇的种类繁多，有的可以成为人们盘中的美味佳肴，有的吃上几口便可置人于死地。在中美洲和美国西北部有十余种被称为致幻蕈的蘑菇，吃了这些蘑菇，会使人欲飘欲仙，仿佛置身另一世界。这是因为其含有裸盖菇素这一成分，也称“赛洛西宾”，后有人将这一成分从致幻蘑菇中提取出来，因没有任何药用价值，一直被作为致幻毒品滥用。

裸盖菇素不但会使吸食者产生幻觉，还会使其出现头晕、恶心、视物模糊、瞳孔放大、动作失调、焦虑不安等中毒反应。

毒蝇伞菇

麦角菌

皮约特仙人球

裸盖菇

（4）苯环己哌啶。苯环己哌啶简称 PCP，有“天使尘”“粉末天使”“黎明曙光”“火箭燃料”等俚称。在 1956 年作为麻醉镇痛剂被开发研制，后发现大剂量服用有明显的致幻作用而于 1965 年被全面禁用。

PCP 的医疗用途取消了，可作为毒品却在 20 世纪 70 年代中期在欧美流行起来。以往的致幻剂如LSD、麦司卡林等，因其价格昂贵，泛滥流行受到一定限制，而 PCP 制作简单、价格低廉，成为至今仍在泛滥流行的致幻剂，特别是因其也是白色粉末，在黑市上常被冒充为一些较难得到的致幻剂，或添加在可卡因、海洛因、大麻等毒品中，以牟取暴利。

因服用 PCP 思维混乱、感觉迟钝、判断力和自控力下降引起的死亡人数，要远比其本身的化学毒性所造成的死亡人数多，而且很多死亡原因在常人看来是完全可以避免的。如服用者因自控力差而溺死在浅水滩中，因感觉迟钝、痛感消失又无力辨别方向而在完全可以逃生的火灾事件中被活活烧死等。资料表明，由服用 PCP 而引起的自杀、杀人等行为远多于其他致幻剂。

（5）氯胺酮。氯胺酮（ketamine）俗称 K 粉、K 仔、K 他命、克他命，是苯环己哌啶的衍生物。

氯胺酮为麻醉剂，临床上用作小手术的局部麻醉和全麻的诱导剂。该药可使个别病人出现幻梦、错觉甚至幻觉。国家药品监督管理部门已将氯胺酮列入一类精神药品管理。

近年来，在一些歌厅、舞厅等娱乐场所出现了滥用氯胺酮的现象，其与冰毒、摇头丸等一起被称为“舞会药”。吸食者或将氯胺酮粉末直接鼻吸或卷入香烟中吸用，但最常用的方法是将 K 粉、摇头丸、止咳糖浆等兑入可乐中饮用，以追求多种毒品相互作用产生的更刺激的“协同”效应。

氯胺酮有谵妄、躁动、恶心、呕吐、呼吸抑制等不良反应，吸食 500 毫克“K 粉”就可造成吸食者心力衰竭、呼吸衰竭，如果长期吸食，对吸食者的心、肺、神经等系统都有可能造成致命损伤。

3. 致幻剂滥用的危害

滥用致幻剂虽然不会像鸦片那样形成严重的生理依赖性，但对机体的损害也不小。

（1）引起精神障碍。致幻剂在使吸食者产生幻觉的同时，还会使其出现焦虑、紧张、抑郁、自责自罪、恐慌等精神障碍。用量过大时，会引起类似精神分裂的症状，也称中毒性精神病。当吸食致幻剂时，吸食者会丧失自知力，以为恐怖幻觉是真的，产生被害妄想，并受此支配甚至发生自残、自杀或攻击他人、杀害别人等意外伤害事件。

案例 22

这是当年发生在西方国家的一个真实的案例：正值青春年华的他，却吸食大麻数年之久，间或使用致幻蘑菇，后有朋友推荐他试用 LSD。最初两次，他体验到的是兴奋和无忧无虑的感觉。到了第五次后，他开始感到极端忧虑，伴有对他人强烈的猜疑和精神错乱，于是在和朋友一阵疯狂厮斗后，他高喊着要去见上帝，随即奔向一幢高楼的平台纵身一跃“飞”向蓝天，魂断在冰冷的水泥地面上。

（2）急性中毒。吸食致幻剂者可能会出现恶心呕吐、瞳孔放大、视线模糊、面色潮红、出汗不止、头疼头昏、心跳加快、震颤、共济失调（即手足不听指挥）等症状，甚至出现心脏与呼吸抑制而死亡。

（3）慢性中毒。长期滥用致幻剂会造成慢性中毒，导致出现脑功能损伤、记忆力减退、视觉障碍、讲话困难、易冲动等症状。

四、大麻类毒品的滥用及其危害

1. 大麻类毒品的滥用史

大麻类毒品也是一种致幻剂，但因其种植范围广，滥用人群多，生理依赖性小，人们往往将其与强烈致幻剂分开单列。

大麻为桑科植物，雌雄分株。这种植物原产于亚洲中部，现几乎遍及全球，有野生的和人工栽培的。多数大麻茎的纤维可作为纺织原料，大麻种子可榨油。

大麻的变种很多，在北非、西非、北美、中东、亚洲的印度与西印度群岛等地生长的大麻植株矮小，没有纺织原料价值，但它的花枝顶端、叶、种子及茎中含有一种树脂样的物质，这种树脂含有一种叫四氢大麻酚（THC）的化学成分，具有致幻作用，人吸食后可产生各种稀奇古怪的幻觉。

在古印度，大麻被用于宗教仪式中，作为与神沟通的媒介；印第安部落每逢祭神前，祭司让其信众饮大麻酒后产生幻觉；非洲某些宗教派别的成员在宗教仪式上也使用大麻。但长久以来大麻并未作为迷幻药风行泛滥。

直至500年前，印度将大麻叶制成麻烟，使得大麻作为致幻剂开始滥用（故现在将大麻习惯上称为“印度大麻”），并由此传向中东、非洲、东南亚、欧美、大洋洲。由于西方某些国家政府认为大麻的生理依赖性不强烈，故对大麻的限制查禁没有像对海洛因、可卡因那样严格。因此，至20世纪六七十年代，大麻在西方青少年中非常流行，成为当时第一个被滥用的毒品，那时在西方18～25岁的青年中约有2/3的人用过大麻，给那一代青年人的身心健康带来极大的损害。

大麻毒品有大麻香烟、大麻饼、大麻脂、大麻油等，根据加工的不同还有玛利华纳、哈希什等之分。大麻的吸食方式主要是卷烟吸入，或将树脂提取物置于锡纸上，从下面加热，吸入烟雾。

大麻

大麻卷烟

瘾君子吸食大麻

2. 大麻类毒品的致幻作用

吸毒者吸食大麻后，半个小时内就可出现精神障碍、情绪高涨，接着进入梦醉状态，表现为激动，言语滔滔不绝，自发地笑或哭泣，继而视觉、嗅觉、听觉变得敏感。在吸毒者眼里，现实世界变得扭曲，仿佛置身虚无缥缈的境界。因此吸毒者会出现妄想和偏执，思维变得混乱和崩溃，惊慌焦虑代替了欣快感。

案例 23

西方有一位大麻吸食者将亲身感受做了记述："我的身体似乎融化了，而且变得透明。在我眼里，我的同事都是畸形的残疾人，断肢折体，他们的样子是这样奇怪，以至于我蹲在角落里捧腹大笑，把垫子抛向空中。半小时之后我眼里的世界变得复杂和异乎寻常。我看见空气在发光，震动和隆隆之声将我包围，仿佛在打雷。我自己的声音似乎变得极为响亮，以至于我不敢说话，害怕震塌房子……经过一段时间，我便陷入昏睡与极度疲惫之中。"

3. 大麻类毒品滥用的危害

大麻几乎没有任何医疗药用价值，大量或长期应用会对身体健康造成严重损害。

（1）对神经系统的损害。一次性吸食过量，可发生意识不清、惶惑、焦虑、恐惧、偏执、抑郁等症状；长期吸食会造成精神障碍和精神疾病，易导致行为失控，诱发杀人、伤害、交通肇事等次生犯罪，同时还可导致"动机缺乏综合征"，表现为情感淡漠，对个人仪表、卫生、饮食失去兴趣，缺乏进取精神，人格与道德沦丧。

案例 24

罪犯沈某某 2018 年以来吸食大麻导致精神障碍，2019 年 12 月 13 日傍晚，沈某某在其住处因吸食大麻产生幻觉，持羊角锤等工具击打 40 岁妻子的头部，致其严重颅脑损伤死亡。随后沈某某毁尸，自己割腕、跳楼自杀未果，被捕。2021 年 3 月法院开庭审判，决定执行死刑，缓期 2 年执行。

（2）对记忆和行为能力的损害。滥用大麻可使大脑的记忆力及注意力、计算能力和判断能力减退，表现出思维迟钝木讷、记忆力下降。新西兰研究者跟踪对比了1000多人在13岁和38岁时的智商情况，发现那些在青少年时期开始吸食大麻的人智商会下降，而不吸食大麻的人的智商则不受年龄增长的影响。

（3）对免疫系统的损害。吸食大麻可破坏机体的免疫系统，造成细胞免疫与体液免疫功能低下，易受病毒、细菌感染，且难以治愈。此外，由于免疫抑制，易使大麻吸食者患口腔肿瘤。

（4）对胎儿的损害。长期吸食大麻会影响胎儿发育生长，易导致新生儿头颅小、体重低。大麻的“三致”实验（致畸、致癌、致突变）结果均为阳性。有人发现，儿童非细胞性白血病与母亲孕前或孕期吸食大麻有密切关系。

（5）对呼吸道的损害。吸食大麻烟可引起气管炎、咽炎、气喘、喉头水肿等疾病，吸食大麻烟对肺功能的损害相当于香烟的10倍以上。

（6）对运动协调的损害。大麻吸食过量可损伤肌肉运动的协调功能，使站立平衡失调，手颤抖、失去复杂的操作能力与驾驶机动车的能力。

4. 大麻类毒品的使用在国际上的争议

（1）持有大麻的去犯罪化问题。有研究说，大麻对身体的伤害和依赖性不大，甚至小于烟草和酒精。故在近几十年里，一些西方国家将大麻称为“软性毒品”，对持有大麻去犯罪化。大麻在乌拉圭、美国部分州、加拿大、荷兰、巴基斯坦、印度、奥地利、比利时、捷克、芬兰、以色列、西班牙和英国等少数国家和地区是合法的。大麻合法化的国家各自有具体规定，荷兰每日可买卖5克大麻；在西班牙，个人私下吸食大麻不违法；在葡萄牙，以个人消费为目的持有使用少量麻醉性和致幻性药品，不再被当作犯罪处理；印度在某些仪式期间可以使用大麻。

为争取吸食大麻行为合法化，一帮美国年轻人于1971年4月20日举行集会，此后这天便成了“国际大麻日”。近几年，英国、美国、加拿大等国的大麻合法

大麻嗜吸者集会“国际大麻日”

化拥护者都在这一天组织集会，数千人在大庭广众之下公开吸食大麻，吞烟吐雾。

大麻真的对人体无害或微害吗？更多的研究表明，人在吸大麻时，记忆力、平衡能力、注意力、判断力等都会受影响，长期吸大麻会对大脑的结构和功能造成永久性损伤。即便大麻在生理上的危害可能比烟草小，但其致幻性所导致的失控行为是非常危险的，对吸食者本人和社会都构成了严重的危害。因此，绝大多数国家对大麻仍采取零容忍的态度。

（2）踏向更强烈毒品的“跳板”。西方青少年在药物滥用上似乎有一个规律，开始时是吸烟、喝酒，逐渐发展至吸大麻，然后是滥用精神药物与 LSD 等，最后发展至滥用海洛因、可卡因、麦司卡林等。大麻好像是块“跳板”，它将吸食者引向使用更强烈、更危险毒品的歧途，专家将此称为“跳板效应”。

此外，滥用大麻还造成了严重的社会问题。美国曾做过一次调查，1/2 的杀人犯、2/3 的盗窃犯、1/3 的抢劫与强奸犯都是长期吸食大麻者。

五、苯丙胺类毒品的滥用及其危害

1. 苯丙胺类毒品的滥用史

第二次世界大战时期，为了提高部队战斗力，日本军方给士兵服用大力丸，其成分是甲基苯丙胺，也就是我们现在俗称的冰毒，以消除疲劳，振奋士气。战后，日本政府为了缓和经济压力，就把战争期间大量库存的甲基苯丙胺投放于市场出售。结果，造成了世界首次苯丙胺类滥用大流行，致近20万人患上苯丙胺精神病。

苯丙胺作为化合物于1887年合成生产，至20世纪30年代人们才发现其具有抑制食欲、升高血压、兴奋中枢神经、舒张支气管等多种药理作用，最初用于嗜睡和癫痫的治疗，后广泛用于减肥，并先后合成了以甲基苯丙胺为代表的多种衍生物。在人们发现了苯丙胺类会产生欣快的生理作用后，很快就出现了滥用现象。

至20世纪70年代，各国开始加强对苯丙胺药物的管制，使其流行趋势有所缓和。到了20世纪80年代，苯丙胺类药物再次滥用流行，苯丙胺及同类衍生物成为全世界传播最广泛的毒品之一，甲基苯丙胺的滥用人数已超过了海洛因滥用人数。

使用苯丙胺及同类衍生物，如冰毒、摇头丸等类兴奋剂后，吸食者会感到精神清爽，有欣快感，自信心增强，疲劳感消除，工作效率和能力提高，头脑活跃，思维能力提高。使用摇头丸后可增强交流和共情的能力，减轻焦虑，出现梦幻般的迷幻感觉，对音乐内涵的理解和敏感性增强。特别是静脉注射，只要注入20 ~ 40毫克，随即就会产生欣快感，无饥饿感，无后顾之忧，体力与心理活动处于最佳状态。许多吸毒者为了捕捉这转瞬即逝的快感与兴奋，不断地反复注射，不吃不睡，浑浑噩噩数小时甚至数日不能自拔，最终给身体带来严重损害。

苯丙胺类毒品价格低廉，“冰毒”“摇头丸”等的日消费额约为百元，而海洛因、可卡因的日消费额需500 ~ 1000元，故苯丙胺类毒品有“穷人可卡因”之称。近些年苯丙胺类已成为毒品的“后来居上者”，其传播速度使人们始料不及。

苯丙胺类毒品之所以价格较低，主要是其制造工艺较为简单。如治疗平喘发汗的麻黄素经过简单的制备便可生产出冰毒，这就使得苯丙胺廉价易得。

案例 25

陈炳锡，被称为“世界头号冰毒大王”，他在 1999 年短短 10 个月内，在宁夏银川伙同他人一起生产了 12.36 吨冰毒，被查获时这些冰毒堆满了整整一个篮球场。12 吨冰毒相当于当年全世界其他国家缴获的冰毒总和。陈炳锡在罪行败露后潜逃境外，2003 年 11 月 4 日在泰国被抓获并被押解回国，2006 年 12 月 18 日被判处死刑。

2. 常见苯丙胺种类

（1）冰毒。冰毒，即高纯度的甲基苯丙胺，因其原料外观为纯白结晶体，晶莹剔透，故被称为“冰”（ice）。小剂量的冰毒具有短暂的兴奋抗疲劳作用，故其片剂叫作“大力丸”。又因苯丙胺（amphetamine）音译为安非他明或安非他命，故甲基苯丙胺也有甲基安非他明之称。

冰毒是目前苯丙胺类药物中最多见的一种，是比苯丙胺作用还要强的中枢神经兴奋剂，在西方一些国家、日本及我国台湾地区泛滥严重。甲基苯丙胺在我国是禁用的精神药品。

（2）摇头丸。摇头丸的化学成分是亚甲基二氧甲基苯丙胺，英文缩写为 MDMA，与冰毒一样同属苯丙胺类兴奋剂。20 世纪初 MDMA 在美国被用作减肥药，至 70 年代主要用于治疗情绪低落症。由于长期服用此类药物会产生强烈的不良反应，甚至会导致精神分裂症，后来西方国家将此类药物列为禁药，禁

KTV 里“溜冰”

止制造和使用。然而时隔 20 年后，此类药物被贩毒集团制造成各种“丸仔”高价出售，牟取暴利。

摇头丸可使服用者倍感兴奋，不知疲倦，开心无比并伴有幻觉。特别是一听到迪斯科的强烈音乐声，就会摇头不止，服用一粒便会摇上四五个小时，直至天亮不知疲倦，所以在香港被称为“fing 头丸”，在内地被称为“摇头丸”。此外还有“快乐丸”“劲乐丸”“疯丸”“忘我”“狂喜”“销魂”等俚称。

吸食摇头丸后的狂舞

摇头丸自 20 世纪 90 年代初开始流行于欧美，后扩散至日本、我国港台等地，现已遍及全球。

摇头丸虽能使服用者在歌舞厅度过销魂的一夜，但不知疲劳的剧烈跳动，体温、血压升高，心跳过速，过量排汗等，会导致机体衰竭而死。

案例 26

一个 21 岁的四川女孩，在深圳一家夜总会跳迪斯科，服食了摇头丸助兴。午夜回到家中因药性没有消失，她就继续跳。跳上瘾后，又吃了一颗，其他人想让她停下来，但三四个人都控制不住她。她一直跳到最后机体衰竭倒下，销魂的摇头丸成了索命的断头丸。

（3）麻古。毒贩为了获得更多利益，还推出了复合毒品制剂。麻古，也称麻果，是泰语的音译，就是将咖啡因兑入冰毒里，然后添加不同色素与香料制成五颜六色的小片。咖啡因有振奋精神、减轻疲劳的作用，与冰毒混合，强化了冰毒迷幻作用，人服用后会呈现健谈、性欲亢进等生理反应，甚至易将隐私说出，俗称“强奸药”“唠嗑药”“抢劫药”等，成瘾性很强。

（4）受“牵连”的感冒药。2012 年国家食品药品监督管理局发布公告将氯雷伪麻缓释片、复方盐酸伪麻黄碱缓释胶囊、氨酚氯雷伪麻缓释片、那敏伪麻胶囊、扑尔伪麻片和复方布洛伪麻缓释片等抗感冒用药从非处方药变成处方药。也就是说在药店不能随意购买这些药了，究其原因，是因为其中含有麻黄类生物碱。

麻黄碱为拟肾上腺素药，具有收缩上呼吸道毛细血管，消除鼻咽部黏膜充血，减轻鼻塞症状的作用。然而，麻黄碱的化学结构与冰毒的结构十分相似，麻黄碱稍加改造便是甲基苯丙胺，故冰毒又有去氧麻黄素之称。

晶莹剔透的冰毒

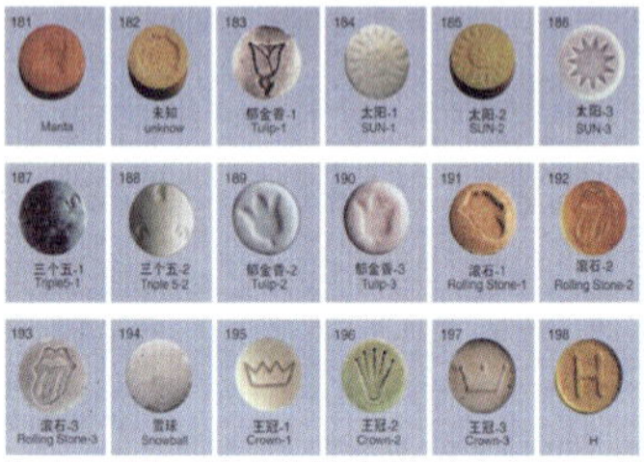

各色摇头丸

受“牵连”的感冒药

案例 27

李某、赵某结识于一个“科研试剂”毒品群。二人相约制毒，凭着 800 多盒新康泰克（复方盐酸伪麻黄碱缓释胶囊）和甲苯、盐酸、氢氧化钠、抽滤装置、水浴锅、蒸馏水器、电炉、烧杯等并不复杂的试剂与设备，制出 95.442 克冰毒。但二人还没等发财就招来牢狱之灾，因触犯制造毒品罪，他们分别被判处有期徒刑 15 年，剥夺政治权利 5 年，没收财产 5 万元。

3. 苯丙胺类毒品滥用的危害

（1）成瘾性。苯丙胺类摄入体内后，对中枢神经系统突触内的儿茶酚递质—去甲肾上腺素、多巴胺的释放有很强的促进作用。去甲肾上腺素的释放可使人情绪激动、精神振奋、心率加快、骨骼肌收缩，多巴胺的释放可引起欣快感产生以致幻觉。这种欣快的感觉使人非常容易对其产生滥用。此时如果减少或停止使用，就会出现戒断症状，如疲劳、抑郁、嗜睡、多梦等，严重时会焦躁不安，或由于严重抑郁而产生自杀念头。

（2）对机体的损害。应用苯丙胺类后，胃肠道的反应包括恶心、呕吐、口中有金属味、口干、腹泻、腹部绞痛；心血管系统的反应包括头痛、血压升高或降低、面色苍白或发红、心律不齐、心悸、心绞痛及虚脱。长期滥用苯丙胺类还会抑制食欲，使体重骤降，出现难愈性溃疡、脓肿、指甲脆化、夜间磨牙等症状。滥用静脉注射苯丙胺还会导致一些感染性疾病，如败血症、肝炎、艾滋病等。

（3）急性中毒。苯丙胺类急性中毒反应包括出现如头晕、无力、失眠、震颤、话多、烦躁不安、易怒等症状，严重时出现谵妄、偏执性幻觉、恐惧、怀疑一切等精神错乱现象和性欲亢进，变得易寻衅滋事。

（4）慢性中毒。长时间滥用苯丙胺会产生幻觉，类似精神分裂症，还会引起运动障碍、肝损伤、脑血管意外等。

六、镇静催眠药的滥用及其危害

1. 镇静催眠药的滥用

资料显示，在全球青少年滥用药物的上升趋势中，镇静催眠药的滥用十分突出。在我国，这个问题从 20 世纪 90 年代开始出现。

镇静催眠药又称镇静剂，是临床上广泛使用的一种精神药物，用于缓解改善焦虑、紧张、心绪不安、失眠等症状，小小的一粒药片，就可使人悄然入梦。临床上最常用也最易发生滥用的镇静催眠药是巴比妥类与苯二氮䓬类。这两类药物服用后也会使人产生一种欣快感，长期或大剂量使用时突然停服，也会出现戒断症状，其表现与停用阿片类毒品类似，如情绪不稳定、易怒、精神紧张、颤抖、恶心、呕吐、抽筋、出汗、怕光和声音、耳鸣、肌肉紧张、失眠等。继续用药后，这些反应随即消失。

一旦形成心理依赖性与生理依赖性，为了控制药瘾发作产生的不适感，就需要不停地服用这类催眠药，且用量越来越大，用药次数越来越频繁，直至无法自拔，影响工作学习、生活与健康。

巴比妥类药物主要有巴比妥、戊巴比妥、苯巴比妥、异戊巴比妥等。当前用得比较多的是苯二氮䓬类药物，主要有安定、利眠宁、硝基安定、舒乐安定、三唑仑、阿普唑仑等。

三唑仑具有抗焦虑与镇静催眠作用，近些年呈泛滥趋势，不仅被吸毒者将其与其他毒品掺在一起使用，还因其具有暂时性记忆缺失（或称遗忘）作用，不法分子将它当作蒙汗药实施性侵，故有“迷奸药”之称。

2. 镇静催眠药滥用的危害

（1）毒性反应。镇静催眠药物导致大脑皮层抑制和小脑功能障碍，长期服用会导致慢性中毒，出现倦怠、思维紊乱、记忆力下降、言语不清、判断力差、眼球震颤、情绪不稳、对事物失去兴趣、抑郁等症状。严重慢性中毒和急性中毒时会产生昏睡、意识模糊、休克、昏迷、呼吸抑制、皮肤发紫、血压下降、肾功能衰竭或呼吸道合并感染等而导致死亡。

急性中毒是滥用镇静催眠药的主要危害。美国、英国、加拿大三国曾做过统计，在正规医院急诊室抢救药物中毒病例中，镇静催眠药中毒者竟占 55%。我国也有学者做过类似统计，镇静催眠药中毒者约占 40%。

另外，用药后造成的困倦、动作失调、步履蹒跚，还易导致工伤事故、交通事故和老年人跌倒受伤事故。

（2）成瘾性。长期使用镇静催眠药者，突然停药或显著减少剂量，也会出现戒断症状。用药剂量越大、时间越长，戒断症状越严重。巴比妥类在突然停药的 12 ~ 24 小时内可出现厌食、焦虑、失眠等症状。2 ~ 3 天后，戒断症状可达到高峰，会出现呕吐、无力、心跳过速、血压下降、肌肉抽搐、谵妄等。巴比妥类滥用者突然停药 2 ~ 3 天后，可产生兴奋、情绪激动、幻觉和癫痫发作。苯二氮䓬类突然停用 2 ~ 3 天后，会出现焦虑不安、食欲下降、情绪激动、幻觉、谵妄、抽搐等。

镇静催眠药造成的戒断症状从某种意义上讲，危险性要比阿片类更大。因为单纯阿片类药物出现的戒断症状虽然极度痛苦，但很少会引起死亡。而镇静催眠药则不同，生理依赖性严重者戒断后可由于痉挛、强直性惊厥而死亡。

3. 警惕镇静催眠药在青少年中的滥用

过去镇静催眠药的主要应用人群是老年人，而今在青少年中也开始应用。大学生、中学生正处于迷惘的年纪，当学习过度紧张时、焦虑失眠时、心理矛盾苦闷时、交友失败沮丧时，为了缓解心理压力、排泄情绪，往往会选择一些不恰当的方式，如酗酒、吸烟、服用镇静催眠药等。

小剂量和间断服用镇静催眠药，可以起到一定的镇静安眠和调节神经的作用，但要把它看成医治失眠或是精神安慰的唯一方法则是错误的。长期服用镇静催眠药带来的不是静谧与梦乡，反而会使人成了药瘾的俘虏。服用镇静催眠药很容易上瘾，尤其是长期大剂量服用，成瘾性一点不比冰毒、大麻差。

镇静催眠药曾在西方国家及我国港台地区泛滥严重，从“绿豆仔”“十字架”“罗氏五号”“白瓜子”等俚称中就可窥一斑。在我国内地，也屡见中学生滥用镇静催眠药的报道。武汉市某医院统计过三年间抢救滥服安定片中毒的中小学生就超过 300 例。

案例 28

北京曾有一中学生听信三唑仑（又名“海乐神”）可以调整考试前心理压力的传言，从管理不严的药房中自购（按规定应凭医生处方才能购买），服用后出现中毒症状，后经医院全力抢救方脱离危险。

七、令人警惕的新精神活性物质滥用

1. 什么是新精神活性物质

随着全球打击毒品力度的加大，毒贩为逃避执法打击，对已经列管的第一代毒品（传统毒品）、第二代毒品（早期合成毒品）进行化学结构的修饰改造，从而得到新精神活性物质。这类物质有着与毒品类似的功效，可令人产生吸毒一样的快感，甚至具有更强的兴奋、致幻或麻醉作用。

当一些新精神活性物质出现时，以往毒品管制范围可能尚未将其列入其中，制贩毒分子便打着“研究化学品”“植物性兴奋剂”“浴盐”等“合法兴奋剂”的幌子行销贩卖，近几年这一现象在全球已呈蔓延趋势。因为这类物质本质上就是毒品，故又被称为“第三代毒品”或“新一代毒品”。

联合国毒品和犯罪问题办公室（UNODC）对新精神活性物质所做的定义为：“新出现的、存在药物滥用可能性，但国际上尚未列管的物质。”《2015 年世界毒品问题报告》称，国际以往列管的毒品一共有 234 种，而近几年新出现的并已在人群中引起滥用，却未被联合国《麻醉药品公约》和《精神药品公约》列入管制的物质（即“新精神活性物质”）竟有 541 种。根据统计，至 2013 年，世界上 80 个主要国家中有 70 个出现了新精神活性物质。

2. 新精神活性物质的来源

新精神活性物质中只有个别是由天然植物改造的，大多数则是制毒者在实验室中“设计”出来的，故又称“策划药”或“实验室毒品”，目前已见的主要有以下几类。

（1）合成大麻素。大麻是典型的天然毒品，无论是大麻树脂还是大麻油，其作用成分均为四氢大麻酚（THC）。合成大麻素是人工合成的 THC 类物质。近年来，虽然大麻的成瘾性一直遭到质疑，大麻合法化运动不断兴起，但大多数国家包括我国在内仍然将大麻及其制品规定为毒品。

（2）合成卡西酮类。卡西酮是一种在阿拉伯茶中发现的生物碱，在化学结构上与苯丙胺类药物相似，服用后会产生强烈的兴奋和致幻作用，是国际管制的第一类精神药品。

（3）苯乙胺类物质。苯乙胺类物质是指一类被证实具有精神活性和兴奋效果的物质。

（4）哌嗪类物质。哌嗪类物质多是源于一些曾被制药企业作为新药研发，但却从未真正投入市场的“失败的药物”。

（5）植物源类物质。这类物质源于某些天然植物，具有精神致幻作用，如阿拉伯茶、卡痛叶和鼠尾草等。

（6）其他新精神活性物质。其他新精神活性物质是指无法归入上述各类物质，但同样具有滥用潜力的新精神活性物质。

以上新精神活性物质中，有些已经被一些国家列管为毒品，有的还游离在毒品管制范围之外。毒品犯罪分子恰恰利用各国毒品管制的滞后性和差异性，不断发掘推出新的新精神活性物质，行销到世界各地。

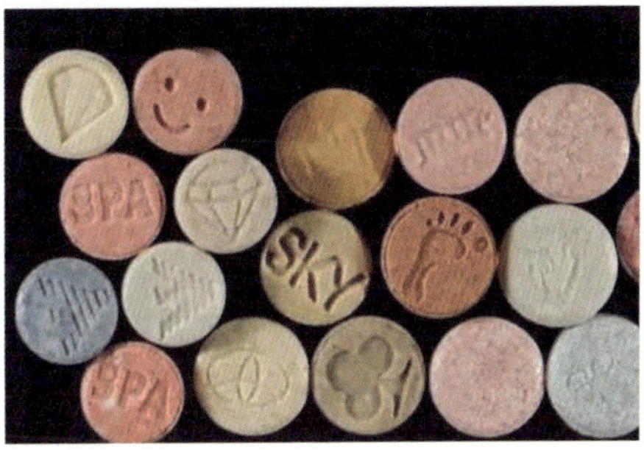

新精神活性物质

3. 新精神活性物质的危害

（1）对社会的危害。新精神活性物质同其“母药”药效相似甚至更强，会导致吸食者过度抑郁、兴奋或产生幻觉，极易诱发自杀、行为失控、攻击他人等恶性案件。卡西酮类、苯乙胺类以及色胺类新物质均有致幻作用，大量吸食后可引起偏执、焦虑、恐慌、被害妄想等反应，进而自残或暴力攻击他人。2011 年，美国毒物控制中心接到滥用新精神活性物质案例达 6134 例，大部分与自残和暴力攻击他人相关。由于丧失理智，吸食者攻击他人的手段往往十分残忍，攻击对象也多为身边的父母、配偶、子女或好友。英国对 2012 年涉及新精神活性物质案件的研究发现，滥用 4- 甲基甲卡西酮人群的自杀率及自残率远高于正常人群。日本研究发现，滥用新精神活性物质所导致的暴力犯罪案件数量是滥用管制毒品导致案件数量的 7 倍。芬兰对严重交通肇事者抽样分析发现，因司机滥用新精神活性物质而导致的肇事占 7.7%，成为交通事故的主要诱因之一。

案例 29

2012 年 5 月 26 日下午，美国迈阿密麦克阿瑟公路匝道上一裸体男子攻击一流浪汉，警察接到报警赶来，发现裸体男子正在啃咬流浪汉的头部，并已啃掉了大半张脸。警察喝令其后退，但他仍持续啃咬受害者，警察无奈开枪射击。尽管遭到射击，“食脸男”仍继续“啃食”，迫使警察持续开枪。6 声枪响后“食脸男”毙命，遭攻击者生命垂危。后经查，“食脸男”是吸食了一种叫“丧尸浴盐”的新精神活性物质后出现的幻觉攻击。

（2）成瘾性。新精神活性物质同许多合成毒品具有类似之处，成瘾性极强。其成瘾和慢性中毒的主要表现特征是，滥用时的中枢神经兴奋和戒断后的中枢神经抑制交替出现。

（3）对健康的损害。新精神活性物质所导致的健康损害包括对神经、精神和心血管系统等多方面的损害。从现有的案例中可以发现，往往是多种新精神活性物质混合加工成“新型毒品”，滥用后极容易导致急性过量中毒，表现为抽搐、休克、脑血管意外，甚至死亡。各国报道的吸食新精神活性物质导致死亡案例逐年上升。这些新精神活性物质对人体的损害丝毫不亚于传统毒品和合成毒品，甚至有过之而无不及。

4. 禁毒的新难题

（1）制作销售简单。新精神活性物质本身并不是凭空出现的全新物质，多是在合成毒品的基础上，将其化学结构的某个基团稍加改动，一种新的“新精神活性物质”就形成了。况且许多用于制造新精神活性物质的原料在化工领域应用广泛，不存在被完全禁止流通的可能。大多数国家也不会笼统地将某一类化学物质全列入监管，通常是将这一类下某些具体的物质列入监管，这就给“创造”新精神活性物质带来了机会。

再者，现代互联网营销隐匿简便，贩毒者与制造商联络的一个主要渠道就是网络，往往是贩毒者或吸毒者通过互联网下订单，制毒者在接到订单后才开始制作，再通过邮递物流等便利渠道，输送到贩毒者或吸毒者手中。

（2）管控滞后。新精神活性物质的贩卖和消费地区主要在欧美，我国对此最初应属“末端反应”。前几年，有些新精神活性物质在国外已被列管，而国内当时尚未把这些物质视作毒品管控起来。这些新精神活性物质在列管国当地不能直接制造，吸毒者就和我们国内化工类制造企业取得联系，我们国内一些企业接受订单生产。

案例 30

2015 年 3 月，一位名为田某某的中国公民从中国抵达洛杉矶国际机场时被捕，美国国土安全部、联邦毒品管制局等执法部门认为田某某在中国制造了数万吨违禁新精神活性物质原料，然后以粉末形式通过快递出口到美国中间商手中。田某某的实验室制造的这些原料，美国中间商只需要对其进行简单的化学加工，便可制造出类似于大麻的合成新毒品。

为了和国际打击毒品同步，2015 年 10 月，我国颁布实施了《非药用类麻醉药品和精神药品列管办法》，增加了对 116 种新精神活性物质的管控，既把联合国列管的或已在国内形成现实滥用危害的品种纳入列管范围，也把我国生产、无滥用但在其他国家和地区已造成滥用危害的品种列管其中。2021 年 7 月 1 日又增补了 18 种列管品种。

客观地讲，国内外对于新精神活性物质的管制相对滞后，而各种新型毒品层出不穷，可谓是“道高一尺，魔高一丈”。新精神活性物质的管控让各国都感到非常棘手。

案例 31

2013 年 2 月，澳大利亚一名叫普雷斯顿的男孩在聚会中服用了 25i-NBOMe（俗称“快乐纸”，比摇头丸作用强 60 倍），男孩服用后随即产生强烈幻觉，从高楼阳台上一跃而下坠楼而亡。经过警方调查，普雷斯顿购买的药丸的原料来自中国安徽合肥。后来男孩父亲到中国找到了那家化工厂，果真看到了 25i-NBOMe 以及其他新精神活性物质的前体原料。为什么企业可以公开销售这些东西呢？因为当时新精神活性物质在国外少数国家刚刚兴起，而那时这些物质在我国尚未作为毒品列管。

八、挥发性有机溶剂的滥用及其危害

1. 挥发性有机溶剂的滥用

随着工业化程度的提高，大量化学物质进入家庭，许多日用化工产品都含有沸点低、在常温常压下易挥发的有机溶剂，这些挥发性的有机溶剂多具有一定特殊的芳香气味，会给人带来快感，长期使用会使人形成依赖性，类似于毒品对人体的作用。为获取某种愉快的精神体验而使用挥发性有机溶剂，称为挥发性有机溶剂的滥用。

自 20 世纪 60 年代开始出现的挥发性有机溶剂嗜吸，主要是在美国和欧洲少年儿童中泛滥，后发展到日本和我国港台地区，近年在我国内地也陆续有挥发性有机溶剂滥用的报道。北京医科大学中国药物依赖性研究所的科研人员曾对北京在校中小学生进行过调查，结果表明，学生们日常学习和生活中经常接触含有挥发性有机溶剂的工业产品，如胶水、油漆、涂料、汽油等。98.2%的学生接触过这类溶剂，23.8%的学生对这些气味表现出不同程度的喜好，0.8%的学生经常嗅闻这些气体，对这类物质表现出偏好，个别学生嗅闻后会出现麻木、欣快感。

2. 滥用的挥发性有机溶剂种类

挥发性有机溶剂种类庞杂，化工产品的广泛应用，使得滥用挥发性有机溶剂不易被人察觉。因为这些物质广泛存在于各种工业产品中，特别是民用商业产品中，如各种喷雾剂（发胶、杀虫剂、空气清新剂等）、油漆、涂料、稀释剂、塑料橡胶制品、干洗精、指甲油溶剂、打火机燃料、火锅气体燃料、涂改液等。挥发性有机溶剂包括甲苯、丙酮、苯、四氯化碳、氯仿、乙醚、乙酸乙酯、汽油、煤油等液体，以及一氧化二氮等气体。

挥发性有机溶剂嗜嗅（嗜吸）的对象主要是少年儿童，好奇、同伴的诱惑、心理压力、自身人格障碍以及挥发性有机溶剂价廉易得等，都会成为嗜嗅的原因。

我国没有把挥发性有机溶剂当成毒品进行管制，也没有相关法律法规对挥发性有机溶剂滥用进行限制，挥发性有机溶剂滥用者也不多，但专家呼吁这个问题不容忽视，应引起社会的重视。社会、学校和家庭要对少年儿童进行正确引导，陶冶情操，使其树立正确的人生观。老师、父母要多留意孩子们的日常行为，因为滥用挥发性有机溶剂者是有迹可寻的。例如，藏有碎布、胶袋、空玻璃杯、气体罐、气球，衣服或口腔有化学品气味，常面红、目光呆滞、动作迟钝像醉酒一样，说话含混不清，有幻觉、呕吐，头痛、失眠、做噩梦，双手脱皮或变色，口鼻附近出现红斑等。如少年儿童有以上现象家长应及时加以规劝教育，必要时寻求药物滥用防治机构的帮助。

挥发性有机溶剂嗜吸成瘾

3. 挥发性有机溶剂滥用的危害

（1）成瘾性。挥发性有机溶剂虽然不是麻醉药品或精神药品，但其所含挥发性成分有中枢兴奋作用与中枢抑制作用，一般每周一次，持续三个月之后就可产生耐药性与依赖性，形成强制性重复吸入。挥发性有机溶剂具有很强的心理依赖性，但也有一定的生理依赖性，如停止吸入可产生易怒、焦虑、失眠、眩晕、恶心等症状。

（2）对中枢神经的损害。滥用挥发性有机溶剂，早期会出现“醉酒”样的症状，如头晕、口齿不清、步态蹒跚、嗜睡、欣快、恍惚样幻想等，中期伴有错觉、幻想和妄想等症状，在欣快兴奋阶段往往不顾后果和自我放任。国外报道称，有青少年吸入挥发性有机溶剂后，执意要凭空翱翔，从高楼顶上一跃而下，酿成悲剧。

（3）急性中毒。挥发性有机溶剂具有刺激性，会使人产生如流泪、流涕、耳鸣、恶心、呕吐、腹泻、胸痛、骨关节痛、心率加快、瞳孔扩大等症状，过量吸入会导致呼吸抑制而死亡。此外，有些青少年在吸入挥发性有机溶剂时为了寻求刺激，将头套在密闭的塑料袋中，极易因窒息而死亡。

（4）慢性中毒。挥发性有机溶剂长期、多次吸入会对肝脏、肾脏、骨髓造血系统、中枢神经系统、周围神经系统造成损害，如出现中枢神经系统与呼吸系统损伤、中毒性肝炎、肝功能衰竭、血尿、蛋白尿、肾功能衰竭、再生障碍性贫血、白血病、周围神经炎等。

案例 32

徐州市某中学一名 15 岁的男生，发现吸闻打火机燃料用的丁烷会变得兴奋，后逐渐嗜吸成瘾且瘾癖越来越大。一次他买了 4 罐丁烷回家吸闻，其母亲回家时发现他已昏迷，急送医院抢救无效死亡。

4. 笑气的滥用

笑气是目前挥发性有机溶剂滥用中最多的一种。笑气化学名为一氧化二氮（N_2O），是一种无色微有甜味的化学气体，用途广泛。工业上用于气溶胶喷剂、发动机助燃剂、火箭推动剂等；在食品业中主要用于奶油发泡剂，可使奶油膨胀3倍；在医学上用于麻醉剂，它属于分离麻醉剂，可以使患者在清醒状态下失去痛觉，多用于儿童口腔麻醉。

一氧化二氮之所以称为笑气，是因为人在大量吸食后会出现无意识傻笑，对外界反应迟钝，痛觉缺失，心情愉悦，故嗜吸者将其作为毒品的替代品。不法商贩将大罐一氧化二氮压缩分装进小钢瓶，再添加些香精等让气体味道变好，然后出售。吸食者应用时通过类似奶油发泡器的工具，将气体打入气球，然后从气球中吸食笑气。

嗜吸笑气

笑气有很强的成瘾性，容易让人产生依赖，其危害性不亚于毒品，一次性超大量吸食，可导致吸食者缺氧昏迷甚至死亡；大量吸食可出现幻觉，诱发精神疾病，还可能诱发癫痫、心律失常。长期吸食可致记忆力下降、情绪低落、冷漠，甚至痴呆；长期吸食还会导致维生素 B_{12} 缺乏，进而导致神经系统疾病，表现为下肢麻木、步态不稳、肌肉萎缩甚至肢体瘫痪。

青少年是非辨别能力较差，吸食笑气的主要人群在 18 ~ 35 岁，危害极大。通常小钢瓶约装有 8 克笑气，作用只能持续 10 秒左右，所以吸食者往往会大量使用。

案例 33

2021 年 9 月，北京房山区警方查获两名精神恍惚、语无伦次的女孩，这两人一小时内共吸了 200 多个小钢瓶的笑气。

案例 34

2017 年 6 月 3 日，在美国的中国留学生林娜曾经写过一封公开信，在信中她写道："笑气太可怕了，自从吸了这个，我的意志力全被摧毁了。第一次吸食，完全出于好奇。我感觉我认识的留学生里，有一半人吸过笑气。我们管这叫作'打气球'，当时很多人告诉我，'打气球'会让人很舒服，还说它比喝酒抽烟的危害小得多。我第一次吸，就差不多吸了 100 多支，吸完之后，我感觉到了从未有过的快感和新鲜感。"后两三个月的时间，为了"打气球"，林娜花掉了几十万元人民币。一天会花 10 多个小时"打气球"，累了便昏昏沉沉地睡去，醒来再接着吸食。直到有一天，发现林娜好久都没有上课的好友上门来找她，看到林娜已经大小便失禁，全身沾满污秽。随后，林娜被立即送往医院治疗。出院后，林娜被父母接回国，出机场时，她因大量吸食笑气导致下肢重度肌无力，只能坐在轮椅上，这和大半年前健健康康的她，完全判若两人。

因笑气的广泛用途，目前并不在国家规定的毒品范畴内，也没有被列入《麻醉药品及精神药品品种目录》。在司法实践中，对于违规制作贩卖、吸食笑气的行为，公安机关按照《中华人民共和国治安管理处罚法》的规定，以"非法使用危险物质"或"非法持有危险物质"处以行政处分，并给予治安拘留。随着国家管控力度不断地加大，吸食场所也变得更加隐蔽，从原来的酒吧、KTV 等逐渐转为出租屋、楼道、地下室等，应引起人们的关注与警惕。

九、要高度警惕的新型毒品

1. 什么是新型毒品

传统毒品与新型毒品没有严格的界定，划分方式也不尽相同。

（1）从制作方式划分。传统毒品是从原植物中提炼出来的，而大部分的新型毒品是通过人工合成的化学合成类毒品。因此有学者把植物或其提取物称为第一代毒品，根据植物毒品成分衍生化或早期合成的为第二代毒品，化学合成新的成瘾性物质为第三代毒品。

（2）从毒品应用历史时间上划分。如鸦片、大麻、可卡因等有上百年甚至数千年应用历史，称为传统毒品，而摇头丸、γ-羟基丁酸、阿拉伯茶等是近几十年或近几年问世的，则称为新型毒品。

（3）从产品形式划分。新型毒品一般并不是添加了新成分，而是采用了多种成分复配，如“麻古”是冰毒加咖啡因，“K 粉”是摇头丸加氯胺酮，“开心水”则是冰毒、摇头丸、氯胺酮复配。还有毒品采用了新的剂型或新的包装形式，成分并不是什么新物质，如近几年出现的毒品糖果、饼干、饮料等也被称为新型毒品。

2. 传统毒品与新型毒品的区别

（1）服用方式的区别。传统毒品一般都是采用注射式或吸烟式等方法，新型毒品则多是采用鼻吸式或口服式，具有很强的隐蔽性。

（2）对人体作用的区别。传统毒品对人体主要产生镇静、镇痛的作用，而新型毒品除了抑制作用，更多的是兴奋与致幻作用。

（3）产生危害的区别。传统的毒品犯罪一般都是吸食者出于对毒品的强烈渴求，为了获取毒资而去实施一些犯罪行为，新型毒品一般是在吸食后出现兴奋、抑郁或幻觉等精神上的症状，行为上出现失控而导致暴力犯罪。

新型毒品制作简单，吸食方便，价格较传统毒品低，使得新型毒品的翻新速度令人咋舌。2009 年国际上被列管的新型毒品有 166 种，2012 年上升到 251 种，2014 年时已达 388 种，到 2015 年时陡增至 602 种，一年之内增长幅度竟达55%。截至2018年9月1日，联合国毒品和犯罪问题办公室发布的公告称世界上总共有803种新型毒品。

3. 伪装极强的新型毒品

毒贩将毒品伪装成食品、饮料等，不仅增加了警方查处的困难，而且极易引诱涉世不深的青少年吸食。

（1）“奶茶”“咖啡”，与市售奶茶、咖啡产品十分相似，也有奶茶香味或咖啡香味，含有氯胺酮、甲基苯丙胺等，极易误食。

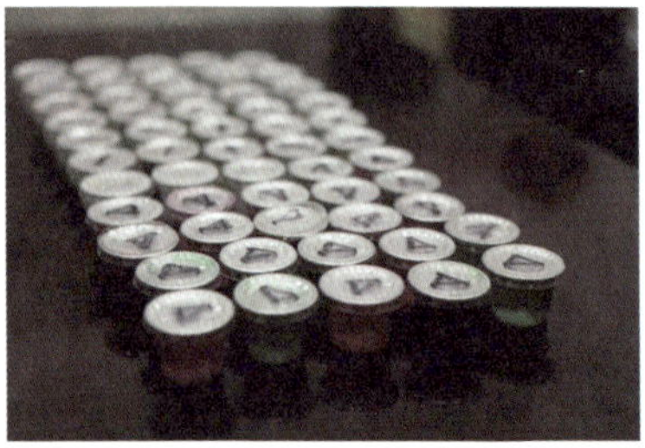

（2）“果冻”，与市面上的食用果冻相同，以不同的颜色和不同标记以区分口味和成分，添加的毒品也各异，多为混合毒品，主要有四氢大麻酚、咖啡因、尼美西泮（苯二氮䓬类药物）或冰毒。

（3）“糖果”，将摇头丸、大麻等成分加入糖果内，如糖粒、软糖、口香糖等，极易误食。

（4）“跳跳糖”，外包装是跳跳糖，实际是一种固体饮料，含有冰毒、摇头丸等成分，可迅速溶于水或饮料中，口味不发生变化，会使人在不知情下吸入毒品。

（5）“曲奇”“饼干”，外表看似和普通饼干无异，但里面夹杂有绿色物质，打开包装后有异味，饼干内含有大麻成分。

（6）“巧克力”毒品，外形酷似正常巧克力，包装多简陋，掺有大麻成分。

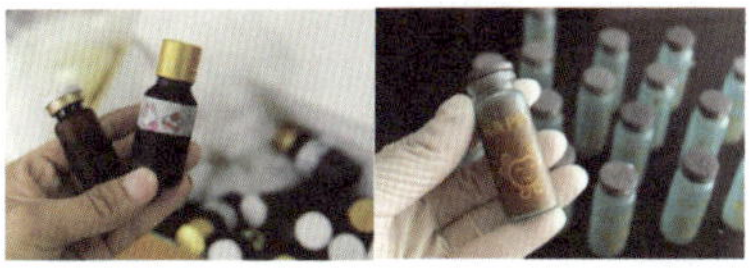

（7）“饮料”，如“神仙水”含有γ-羟基丁酸，“开心水”含冰毒、摇头丸、氯胺酮，无色无味，会使人在无意中成为毒品吸食者。

（8）“可乐粉”，粉红色粉末，精致小瓶封装，含有K粉、冰毒等，具有致幻作用。

（9）“彩虹烟”，可混杂多种毒品成分，外形和日常的香烟相似，吸食时，会产生色彩斑斓的烟雾，甚至还自带香气。

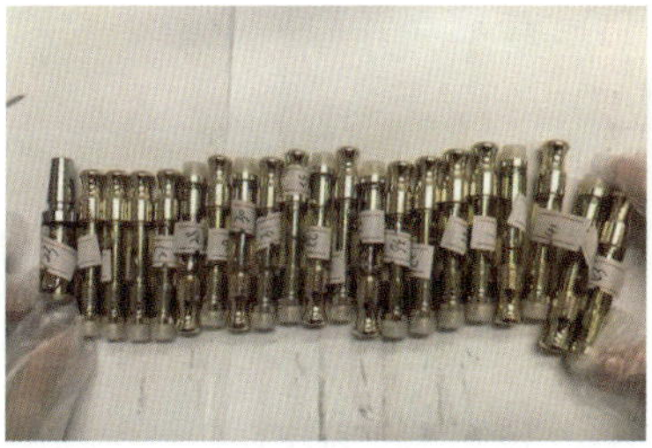

（10）“烟油”，将高纯度大麻提取物添加在电子烟的烟液中，使用普通电子烟具就可以吸食，隐蔽性强。

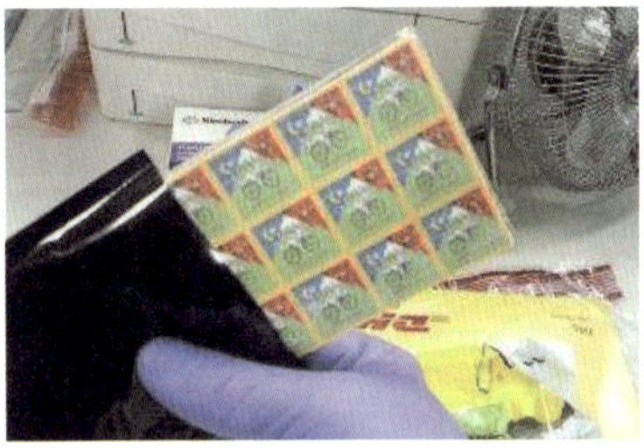

（11）“邮票”，有的像小张邮票，有的是小贴片，这些纸片是浸过 LSD 溶液后干燥而成的，用时放在舌下，通过口腔黏膜吸收，是强效致幻剂。

（12）“小树枝”，又名“雅典娜小树枝”“维纳斯香薰”“派对小树枝”等，含有合成大麻素类（MDMB-CHMICA）成分，有强烈致幻效果。

（13）“阿拉伯茶”又称“恰特草”，新鲜的时候像苋菜，晒干后与茶叶非常像。吸毒者直接咀嚼叶子或磨粉冲服，成瘾性极大。“阿拉伯茶”中含有兴奋物质卡西酮，长期滥用可导致抑郁、高血压、厌食、听力幻觉，并罹患偏执性精神病等。

新型毒品

4. 如何远离新型毒品

（1）尽量少进入 KTV、酒吧、迪厅、夜场等治安复杂的场所。娱乐、狂欢、宣泄要有节制，不可因一时兴起而追悔终生。

（2）要有警觉戒备意识，切莫接受陌生人递给的饮料、香烟等。对朋友的朋友、长时间未见的朋友，尤其要提高警惕。

（3）不喝敞口、不密封的饮料，密封饮料要自己开启，开启后饮料不要离开自己的视线，特别不要委托别人照看自己的饮料。

（4）杜绝好奇心，不了解的奇珍异草轻易不尝试，不了解的新奇产品轻易不体验。

（5）毒品会伪装成各种生活常见的物品，一定要从正规的商店和网店购买零食，减肥、美容、抗疲劳产品，以及消遣品、玩具等。

第三章

吸毒的成瘾性与戒毒

第一节 什么叫作吸毒

一、吸毒的概念

应用毒品的行为叫作“吸毒”。吸毒一词源于百余年前。那时，毒品主要是鸦片（又称大烟），应用方式是把鸦片放在特制的烟枪上点燃吸食，故称为“吸毒”或“抽大烟”。

现在，“吸毒”一词的内涵已大大延伸。一是毒品的范围扩大了，除了吗啡、海洛因、大麻、可卡因等传统毒品外，各种新型合成毒品层出不穷；二是吸毒的方式也增多了，由原来的烟吸发展为口服、鼻嗅、肌肉注射、静脉注射等。

因此，对于什么是吸毒，现在的概念是：采取各种方式，反复大量地使用一些具有依赖性潜力的物质，这种使用与医疗目的无关，其结果使滥用者对该物质产生依赖状态，迫使他们无止境地追求使用，由此造成健康损害，甚至死亡，并带来严重的经济、社会、政治问题的行为。

国际上对吸毒行为称为“take drugs”，drug 根据语境可翻译为“药物”，也可以译为“毒品”，还可以译为“麻醉品”。在我国，医药领域对吸毒行为的称谓多采用国际通用的“药物滥用”，而在社会、法学领域和公众中习惯称为“吸毒”。

二、吸毒的方式

目前吸毒的主要方式有烟吸、烫吸、鼻嗅、口服、注射等。

1. 烟吸

烟吸方式指吸食大麻烟，或把海洛因粉末等掺入烟丝，通过吸烟方式将毒品吸入体内。

1949 年以前吸毒者是用烟枪吸，将鸦片装入专用烟枪，在灯火上燃烧，吸其烟雾。

2. 烫吸

将海洛因、可卡因等毒品粉末放在铝箔纸上或金属匙上，下面用火加热，毒品产生烟雾，吸毒者含吸管移动逐烟用力吸吮，吸毒者将此称为“追龙”或“走板”。若用“冰壶”来烫吸则称为“溜冰”。

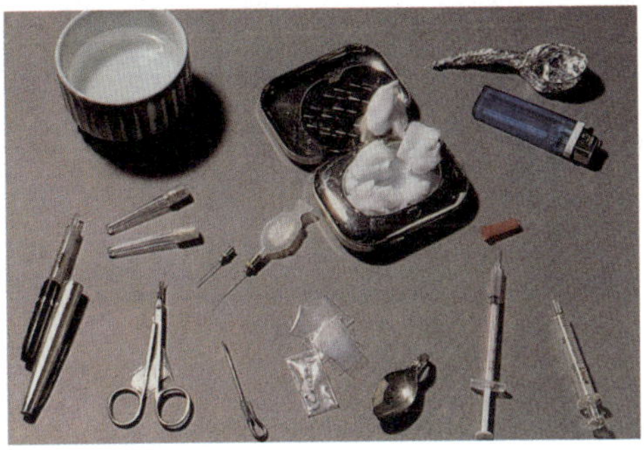

吸毒工具（一）

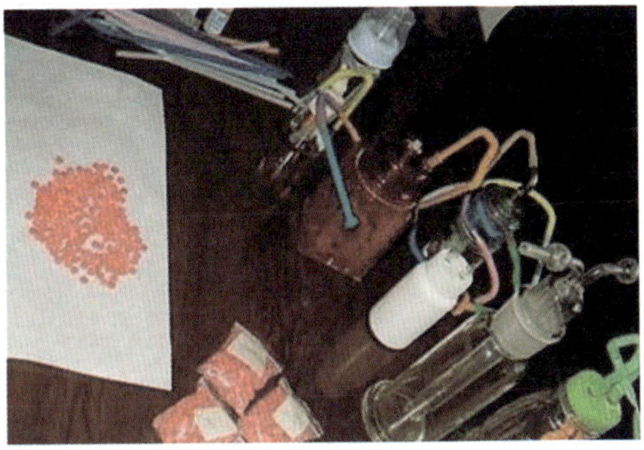

吸毒工具（二）

3. 鼻嗅

鼻嗅又称鼻吸，吸管对着毒品，单鼻孔或双鼻孔用力吸入，通过鼻黏膜将毒品摄入体内。鼻嗅是吸食可卡因类毒品的主要方式。

4. 口服

将毒品经口直接服入或咀嚼吞入，通过胃肠道吸收。口服毒品主要是冰毒片、摇头丸、含阿片的止咳糖浆等。

5. 注射

注射吸毒是用注射器将毒品经肌肉、皮下、静脉、指甲下注入体内，俗称“扎针”。注射吸毒的毒品有海洛因、可卡因、杜冷丁等。注射吸毒是生理反应最快的方式，也是吸毒者感染艾滋病的主要途径。

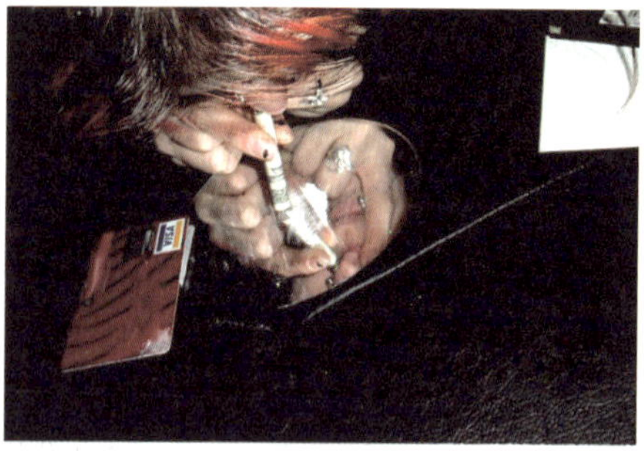

吸毒方式

第二节 吸毒的成瘾性与药物依赖性

一、吸毒成瘾性与药物依赖性

1. 什么是毒瘾

说起“瘾”，有酒瘾、烟瘾、茶瘾、牌瘾、网瘾、球瘾等。“瘾”，词典释义是“极深的嗜好”，然而有一种瘾却不能把它简单地看作嗜好，因为一旦染上它就会造成摧残自己、祸及家庭、危害社会的后果，那就是“毒瘾”。

吸毒者吸食毒品后会立即有一股强烈温暖的快感，从下腹部向全身扩散，直冲头部，一种无与伦比的欢愉欣快感如潮而涌。这种感觉类似性快感，但比性快感更令人销魂、激动、持久。此后随之而来的是似睡非睡的松弛状态，这时什么烦恼忧愁、紧张焦虑荡然无存，只觉身处极乐仙境，宁静、温暖、欣慰……殊不知，这种虚幻的愉悦满足是魔鬼的诱惑，从而使吸毒者产生心理上和生理上的渴求，一旦断药将是极端的痛苦。因为连续滥用毒品，体内的神经功能与内脏功能适应了毒品的调控状态，生理平衡已被打乱，如果突然中断毒品的供给，吸毒者就会出现急剧的与有毒品调控时相反的生理状态。如突然停用阿片类毒品，吸毒者便会哈欠喷嚏不断、鼻涕眼泪涟涟、恶心呕吐腹泻、焦虑头昏失眠、忽冷忽热大汗淋漓、四肢抽搐肌肉酸痛，只有重复使用毒品以后，这些症状才能消失。

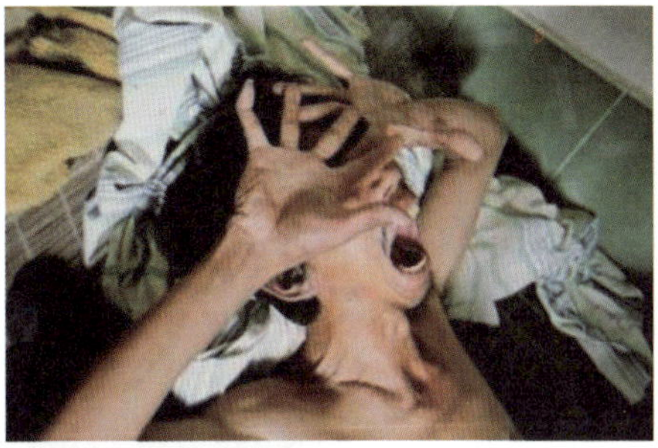

毒瘾发作

2. 药物依赖性

心理的渴求和躯体的欣快感，使得吸毒者嗜毒为命，身不由已地一次次使用毒品，难以自拔。实际上吸毒的那种欣快感只有在吸毒的最初几次中能体会到，以后使用毒品已完全是为了解除毒品中断而产生的不适。这种成瘾的表现在医学上称为“药物依赖性”。

世界卫生组织对药物依赖性的定义如下：“药物依赖性是由药物与机体相互作用形成的一种精神状态，有时也包括身体状态，表现出一种强迫性或定期使用该药的行为和其他反应，为的是要体验它的精神效应，有时也是为了避免由于断药所引起的不舒适感，可以发展成耐受性。同一个人可以对一种以上的药物产生依赖性。”

3. 吸毒成瘾的机理

毒品为什么会使人成瘾，过去人们对毒品成瘾的机理曾有很多假说，但这些解释都不甚令人满意。1973 年以来阿片受体学说逐渐形成，为阿片的药理作用和依赖性提供了理论依据。

人的机体活动是靠神经系统支配的，但神经传导作用并非是神经直接支配效应器官,而是经神经末梢释放递质与效应器官的受体结合才能向下传递“命令”。机体在正常情况下会主动释放阿片肽，作用于神经中枢、结肠、输精管等部位的阿片受体，然后通过受体后多种信号传导系统调节体内的去甲肾上腺素系统、多巴胺系统、胆碱能系统、垂体—性腺系统、甲状腺系统的正常运行。

当吸毒者吸食鸦片、海洛因，从体外摄取大量的外源性阿片类化合物时，这些物质就会“冒名顶替”，抢先与阿片受体结合，这样也就扼制了体内正常的内源性阿片肽的形成与释放。阿片受体对外源性阿片类物质很快产生耐受性，这就迫使吸毒者必须吸食更多的毒品才能保持体内的平衡。

当突然中断吸毒时，外源性阿片类物质没有了，而此时内源性阿片肽释放又处于减少停止状态，一时很难恢复正常供应，无法使阿片肽系统继续保持体内平衡，从中枢到周围各神经系统活动完全被打乱，此时吸毒者将出现各种戒断症状，痛苦万分。从这一角度来说，许多吸毒成瘾者吸毒实际上已不是为了体验舒适快活，而仅仅是为了避免断吸后的痛苦。

戒断症状过程有自限性，也就是说当外源性阿片类物质停止进入体内后，内源性阿片肽的形成和释放又慢慢恢复正常，最终达到体内原有水平。按理说此时就可以摆脱毒品了，但是，康复期由于各系统恢复过程不平衡，所引起的各种症状还会保持相当长的一段时间，而且症状表现形式、程度、持续时间都因人而异，这也是导致戒毒者复吸的主要原因之一。

二、生理依赖性与心理依赖性

药物依赖性有生理依赖性与心理依赖性之分。生理依赖与心理依赖二者不能截然分开，通常吸毒者会因心理依赖而加重生理依赖，而生理依赖产生的戒断症状又会加深心理依赖。

1. 生理依赖性

生理依赖性也称身体依赖性或躯体依赖性，是中枢神经系统对长期使用依赖性药物所产生的一种适应状态。长期滥用阿片类、大麻、苯丙胺类、巴比妥类等麻醉性镇痛药、中枢兴奋药、镇静催眠药以及饮酒、吸烟都会不同程度地产生生理依赖性。产生生理依赖性后，机体必须在上述物质足量维持下才能保持正常状态，如果中途断药，生理功能就会发生紊乱，出现一系列严重反应，即戒断症状。阿片类戒断症状有流涕、恶心、呕吐、腹泻、肌肉疼痛、大汗淋漓等；苯丙胺类骤停可导致精力下降、情绪抑郁；巴比妥类骤停可导致连续抽搐；戒烟时，由于尼古丁的骤停，也会产生易怒、激动或萎靡不振等症状。

吸毒所产生的生理依赖性，可以通过相应的药物加以治疗。但毒瘾之所以难断，主要的原因是心理依赖。

2. 心理依赖性

心理依赖性也称精神依赖性，通常人们也称其为“心瘾”或“想瘾”，是指多次用药后，使人产生一种愉快满足的欣快感觉，导致用药者在心理上对所用药物有一种渴求连续不断使用的强烈欲望，继而引发强迫用药行为，以获得满足和避免不适感。

吸毒者为什么会产生心理的强烈渴求呢？当一个吸毒者吸食毒品到一定量后，人体就会产生一种无法用语言表达的特殊欣快感，一种无论什么兴趣、爱好、刺激都难以转移的心理体验。当这种体验过后，人会产生抑郁、焦虑等精神分裂症状，对生活失去乐趣，对前途丧失信心，情绪低下，只有再次吸毒时才会重新体会到欣快感。因此，吸毒者总是为了保持愉悦的感觉和抑制不愉快而连续不断地吸食毒品，这就是心理上的依赖性。

吸毒后的精神欣快感是那些“明知山有虎，偏向虎山行”的瘾君子们嗜毒为命的原因所在，也是吸毒者戒毒后又复吸的主要原因。“一朝吸毒，十年戒毒，一辈子想毒”这句话非常形象地说明了心理依赖的顽固性。

三、毒品用量与药物耐受性

“我刚开始抽的时候，用指甲盖挑那么一点儿，后来一天也就几份儿，花500元钱买1克，怎么也能抽几天呢！后来量就大了，一天1克、2克……”为什么毒瘾会越来越大？究其原因，是药物的耐受性所致。

当一个人长期应用某种药物时，机体对该药物的敏感性就会逐渐降低，从而产生耐药现象，此时只有不断加大药物剂量，才能保持与原来相等的效果。各种麻醉药品都很容易产生耐受性。

药物耐受性增长的幅度是惊人的，如吗啡的常用剂量是 10 毫克，也就是说一般人肌肉注射 10 毫克吗啡就可以缓解疼痛，并产生催眠作用。而成瘾者最高注射到该剂量的 500 倍，即 5 克的剂量才能达到同样药效。一个吸毒者如果无视其毒性，过高估计自己的耐受力，一味追求快感就会中毒，甚至死亡。

此外，吸毒者对于毒品需求的增加，使得经济上的压力也难以承受，这也是吸毒者走上犯罪道路的主要原因。

第三节 戒断综合征

吸毒给吸毒者带来了无以言表的、短暂的欢乐，但毒品中断后也给吸毒者带来了苦不堪言的痛苦，医学上称为“戒断综合征”。

1. 吗啡类戒断症状

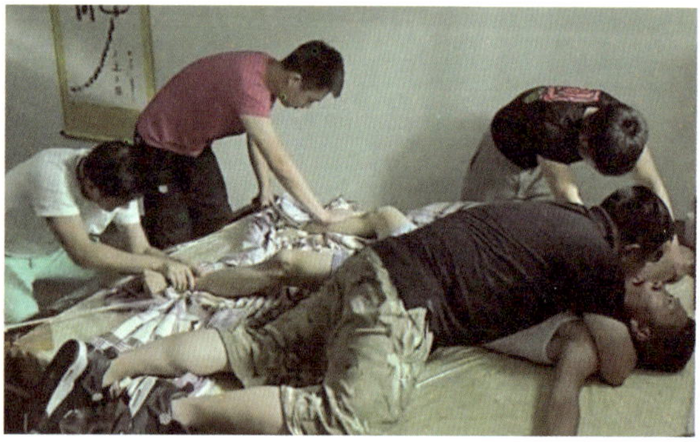

吗啡类戒断时的痛苦

吗啡类戒断症状有流鼻涕、流口水、流眼泪、打哈欠、汗毛竖起、出汗、腹痛、全身酸痛、自发射精、头昏、血压上升、心跳过速、脉搏加快、发热、失眠、焦虑、烦躁、恐惧、紧张等，以及在痛苦中扯头发、撞头、打滚、自残，甚至出现不自主的震颤、四肢抽搐、瞳孔扩大，严重时还会出现血压下降、虚脱、休克。戒断综合征一般在断药 8 小时左右出现，至第三天逐渐减轻；一周后主要症状徐缓消除，但失眠、焦虑、烦躁和不适感会迁延较长的一段时间。

2. 大麻戒断症状

大麻戒断症状有震颤、出汗、恶心、呕吐、腹泻、烦躁不安、厌食、睡眠障碍等。戒断症状一般在终止用药 10 小时后出现，48 小时达到高峰，此过程可维持 4 ~ 5 天。症状的严重程度与用药剂量和用药时间长短有关。

3. 可卡因戒断症状

停用可卡因时身体戒断症状不明显，但精神依赖却很明显。

4. 苯丙胺类戒断症状

苯丙胺类戒断症状有疲劳、抑郁、睡眠障碍、多梦、激动不安等。

5. 镇静催眠药戒断症状

镇静催眠药停药后的戒断症状有焦虑、不安、睡眠障碍、厌食、恶心呕吐、高热、低血压、震颤、抽搐、定向障碍、幻觉等。

案例 35

“那勾人魂魄的毒魔向他扑了过来，他开始感到一阵寒冷，接着全身上下从骨缝里发出一阵难以忍受的疼痛，他大叫着，像疯了似的在地上翻滚，他用牙齿咬嘴唇，鲜血从嘴角溢到地上，他用拳头捶胸，用手拧他能拧到的一切部位。口唇面颊一阵惨白、一阵黑，额头上渗着串串冰一样的汗珠，又像有一把刀子在搅动着他的五脏六腑，他‘咯咯’地干呕着，用头去撞墙。一直延续了一刻钟，那‘瘾’才算过去。他蜷曲在地上，口中伴有无力的呻吟，嘴角流出不知是水还是血的褐色泡状物，乍一看谁也不会相信地上躺着的是人，分明是一副尚存一息的骷髅。”这，就是一个海洛因吸毒者毒瘾发作时的真实写照。

第四节　戒毒治疗

一、戒毒是吸毒者唯一的出路

无论是谁，无论何种原因，一旦误入吸毒的歧途，就要承受毒瘾的折磨、巨额的经济开支、国家法律的制裁和社会舆论的压力。所以说，戒毒是吸毒者唯一的出路，别无选择。

1. 树立战胜毒瘾的信心

能否真正战胜毒瘾，根本在于人能否战胜自我。戒毒确实很难，但绝对不是不能做到的事情。张学良年少时曾误染毒品，为了堂堂正正地做人，在当时简陋的戒毒条件和贫乏的戒断药物的情况下，他凭着超人的毅力告别了毒品，且以 101 岁的高寿尽享幸福晚年。

2. 要有坚强的决心与毅力

身瘾易除，心瘾难去。戒瘾者不仅仅要在戒断期能忍受躯体的痛苦，更重要的是回归社会后，如何顶住毒品的诱惑和毒友的“劝解”。有一位戒毒成功者曾有 9 年吸毒史，后痛下决心改过自新，重新做人，他以顽强的毅力与决心最终戒毒成功。

未吸过毒品者一定要远离毒品，已染上毒品切要尽早戒断毒品。茫茫吸毒苦海，及时回头是岸。已染毒瘾，要尽快摆脱毒瘾，勇敢地站起来，实施戒毒，迎接新的人生。

二、自然戒断法

自然戒断法，就是在一定的环境里强行中断吸毒者的毒品，仅提供饮食与一般照顾，待戒断症状自然消退。这是一种古老的戒断方法，因戒断症状出现时，戒毒者汗毛竖起，浑身起鸡皮疙瘩，状如褪了毛的火鸡皮，故俗称“冷火鸡法”。

该方法对于戒断者来说过于残酷，要忍受三四天炼狱般的煎熬。有的戒断者不堪如此痛苦折磨，发生自伤自残行为，如撞击、打滚、刀片割、烟头烫，甚至上吊、跳楼。主张该方法的人认为，只有让戒毒者充分体会如此这般的痛苦，才能使其刻骨铭心，下决心摆脱毒品，但实际上很难达到此目的。这种方法已趋于淘汰，目前多采用药物戒断法。

三、药物戒断法

药物戒断法主要是两大类：一类是阿片类替代疗法，另一类是非阿片类药物疗法。

1. 阿片类替代疗法

在药物戒断法中，阿片类替代疗法是最传统的也是最常用和最有效的方法。成瘾者终止阿片类药物后之所以出现戒断症状，是因为吸毒时毒品与体内阿片受体结合，抑制了体内阿片肽的释放，当毒品中断，这种体外阿片类物质没有了，体内释放的阿片肽一时又“替补”不上，神经传递出现障碍，就出现了戒断症状。如果此时用一些成瘾性小，又有阿片样作用的物质作为过渡，可以大大减轻戒断症状。

（1）阿片递减法。阿片递减法在我国使用时间最长（民间用罂粟壳制成戒毒药也属阿片替代疗法）。具体做法是每天递减替代毒品的用量，在 10 天左右完成戒断。该法适用于阿片和海洛因成瘾较轻者。该法现较少应用，现多采用依赖性潜力低、作用时间长的美沙酮或丁丙诺啡等。

（2）丁丙诺啡。丁丙诺啡是半合成蒂巴因的衍生物，是一种镇痛效果好、成瘾性小的麻醉性镇痛新药。我国从 1990 年开始将其用于戒断脱瘾治疗，有一定的作用，毒副作用也较小。

替代疗法由于是在同一受体部位替代，因此控制症状彻底，无明显不良反应。如能掌握用药量，逐步递减，戒毒过程可平稳地完成。但因替代药物同样属于麻醉品，有成瘾倾向，要注意尽快递减撤药，以免“以瘾代瘾”。因此，替代疗法大多在医疗条件及管理水平较好的戒毒机构使用。

2. 非阿片类药物疗法

（1）可乐宁。可乐宁属肾上腺受体激动药，见效快，无不良反应，自身无成瘾性，不会产生欣快感，因此临床医生曾认为可乐宁是比较理想的戒断药物之一，在戒断治疗中曾广泛应用。但后来在应用中发现，可乐宁一般剂量难以彻底控制戒断症状，而加大剂量则会出现头晕、目眩、乏力、嗜睡、体位性低血压、因眩晕而摔伤等现象。

（2）路脱菲。路脱菲又称洛非西丁，是一种新型肾上腺受体激动药。控制戒断效果确切、可靠、迅速，不良反应比可乐宁少，从而增加了这类药物临床应用的广泛性和安全性。

（3）曲马多。曲马多是一种人工合成的非阿片类强效镇痛药。镇痛效果好，不会使人产生欣快感和幻觉，耐受性与依赖性低，临床上主要用于镇痛。1995年开始用于戒毒治疗，不良反应较美沙酮、可乐宁少。

（4）盐酸苯氨咪唑啉。盐酸苯氨咪唑啉无成瘾性，适用于戒除阿片类成瘾的快速戒毒治疗。主要用于吸食阿片类成瘾，吸入或注入海洛因、杜冷丁、二氢埃托啡等成瘾者的戒毒治疗。

（5）氯硝西泮。氯硝西泮是新一代苯二氮䓬类衍生物，是一种催眠、抗焦虑、抗癫痫、抗惊厥药物，后发现可用于阿片依赖的吸毒者治疗，不但能控制戒断症状，而且对戒毒过程中产生的激动、兴奋、言语增多、行为障碍、失眠等症状都有明显的控制作用；虽然也有一些副作用，但仍不失为戒断治疗可选用的药物。

（6）亚冬眠脱毒疗法。亚冬眠脱毒疗法是将氯丙嗪与异丙嗪联合使用，使戒毒者处于亚冬眠的昏睡中度过戒断反应期。其痛苦小，费用低，但有人认为亚冬眠法会给戒毒者带来意识障碍、大小便失禁、呼吸抑制等不良反应，在戒毒应用中应持慎重态度。

（7）莨菪碱脱毒疗法。莨菪碱法应用于莨菪碱戒断治疗，最大的特点是使戒毒者在无痛苦的状态下实现脱毒，但存在呼吸抑制和麻醉性肠梗阻等不良反应，故此法一直未得到官方推广。

3. 中医药辅助治疗

人类与毒瘾斗争了那么多年，筛选出了许多戒毒药物，但都有着这样或那样的不尽如人意之处。研究开发出安全无毒、无依赖的戒毒药物依然是人类的一大课题。我国医药科学工作者也尝试开展一些中医中药戒毒的研究。

其实在一百多年前，林则徐在广州禁烟时就曾推广过戒鸦片的中药，不过其中含有罂粟壳，因罂粟壳中含有吗啡等成分，其作用有些类似替代疗法，应用不当也有一定的成瘾性。以往的戒毒中药还有应用洋金花、乌头的，这两种中药都有较强的毒副作用，应用不当会出现意外。因此，不提倡应用含罂粟壳、乌头、洋金花的戒毒中药。

实际上，目前中医中药在戒毒中的作用更多的是以下两个方面：一是在脱毒过程中并不具有直接脱毒作用，但能调节整个机体功能，明显地改善和缓解戒断症状。二是主要用于身体依赖戒断后的康复期，提高机体免疫功能，改善机体状况，增强机体抗病能力，促进食欲，改善性功能等。

除了中药之外，还有气功疗法、针灸疗法等，辅以西药进行戒毒。西药戒毒效果明显，但康复较难。中医脱毒多采用益气养阴、清热解毒、活血化瘀等治法，中医药可在康复期发挥较好的作用，对戒毒者进行全面调理，缓解失眠、焦虑、食欲差、周身疼痛等症状，大大有助于戒毒。

四、自行戒毒不提倡

被发现吸毒，经公安部门认定需强制戒毒者，会被送到戒毒所进行戒毒治疗。如果吸毒者自己有主观戒毒意愿时，则可联系戒毒医院自行前往，或者求助社区、公安部门、公益组织协助联系。

有些吸毒者和亲属碍于名声或限于经济条件，不愿意到国家批准的专门戒毒机构去治疗，而是自己在家戒毒，或去私人诊所求医。这样做很难达到戒毒的目的，又有一定的危险性。

（1）家庭戒毒没有替代疗法的药物，又没有医生指导使用对症治疗药物，一般只有采取“冷火鸡法”，即硬性撤药。该方法会使戒毒者十分痛苦，且易做出失去理智的事，如刀割、烟头烫、自残等。也曾出现过家人把戒毒者绑起来，而戒毒者挣脱绳索坠楼死亡的悲剧。

（2）戒毒医疗机构多采用梯度替代法，而这些治疗药也多有一定成瘾性，故属国家管制药品范围。非国家批准的戒毒机构、私人诊所和个人无法得到这类药物，而采用的一些“秘方”“偏方”本身往往含有有毒成分，应用不好会有生命危险。曾有一戒毒者，自觅所谓戒毒特效药，戒毒尚未成功就命归西天。

（3）戒毒所一般是封闭式管理，戒毒者在戒毒过程中很难接触到毒品，而在自己家中就难以做到这一点。特别是由于间断一段时间未用毒品，一旦按原剂量复吸，极易因过量而死亡。

（4）戒毒是一个全面系统的治疗过程，既需要脱毒治疗，又要有长期的心理治疗，而自行戒毒很难做到这些。即使在戒毒所戒毒，复吸率依旧不低，自行戒毒效果可想而知。

戒毒是个复杂的治疗过程，要在有经验的医生指导下进行。吸毒者一定要选择国家认定批准的戒毒机构去治疗，以防自行戒毒出现意外。

五、防复吸治疗与措施

1. 复吸率居高不下

一男子 16 岁时尝试了第一口海洛因，自此便不可自拔，在染上毒瘾的 7 年时间里，他曾戒毒 8 次，但戒掉后很快又再次吸毒。这种毒品戒断后又再次吸毒的行为称为“复吸”。

有人曾对 443 例海洛因戒断者做过复吸调查，第一次戒毒者、第二次戒毒者及第三次戒毒者一周后的复吸率分别为 60%、88%、97%。复吸率如此之高有哪些原因呢？

（1）单纯戒毒治疗操守率低。目前，我国绝大多数戒毒机构只能提供脱毒阶段的治疗，而没有心理康复与社会辅导监督阶段的治疗。这样能坚持不复吸者（即操守率）不过 10%，国外一些戒毒工作开展早的国家对戒毒者进行“生理脱毒—康复—社会辅导监督”全过程治疗，操守率能提高至50%～60%。

（2）自身心理与生理因素。在脱毒治疗后，虽然可以大部分解除急剧的戒断反应，但心理渴求与许多生理遗留症状还要延续许久，如焦虑、失眠、乏力、四肢关节与肌肉疼痛等，使戒毒者自觉难以度日。这种戒毒后生理与心理上的反常状态，也容易导致戒毒者复吸。

（3）吸毒环境因素。吸毒多具有团伙性，戒毒者一旦离开戒毒机构回到社会，毒友的诱惑和影响以及毒品流行的社会环境，会使戒毒者经不住诱惑，或承受不了压力再次吸毒。

（4）社会、家庭等因素。戒毒者还会因难以承受家庭破裂、事业失败、信誉扫地、前途无望、受他人歧视等来自社会、家庭的各种心理压力，在逃避现实的心态驱使下再次走上复吸道路。

2. 戒毒—防复吸全过程治疗

依据国际上成功的经验，一个完整的戒毒治疗应包括三个阶段，即生理脱毒阶段、心理康复阶段和社会辅导监督阶段。

（1）生理脱毒阶段（也称脱毒阶段）。为减轻戒毒者停掉毒品后出现的戒断反应，这一阶段主要给予他们脱毒药物治疗或控制戒断反应的药物。时间一般为1～4周，严重者要3～6个月。若只单纯完成这一脱毒治疗阶段，而不进行康复与重新步入社会的治疗，会导致戒毒效果不佳，短期复吸率高达90%以上。

（2）心理康复阶段。药物脱毒后，戒毒者仍存在心理依赖（心瘾）和一定的身体依赖，对毒品渴求和迁延性戒断反应可持续几个月。所以，对戒毒者应在没有毒品接触可能的封闭条件下，进行心理康复阶段的治疗，克服“心瘾”，培养自理、自立的能力，使之重新获得健康人格，有足够的信心和能力回归社会。这个阶段少则一年半载，多则三五年。

（3）社会辅导监督阶段（也称重返社会或回归社会阶段）。在完成上述阶段后，戒毒机构对戒毒者进行监督辅导，为帮助他们重返社会做各方面的思想准备。如帮助他们学会如何社交、求职、处理家庭关系和应付生活中的压力等，激发他们抗拒毒品的觉悟与决心，并在他们出院后与他们建立固定的联系，提供

1～2年甚至3～5年的善后社区辅导服务，定期随访和检查，使其彻底摆脱毒瘾。

戒毒者防复吸关键记住两条：一是要远离吸毒的“朋友”，杜绝被诱惑的可能。二是一旦控制不住毒瘾，不应去寻求毒品解脱，而是要通过正当途径寻求帮助，如到正规的戒毒医院去治疗，针对症状用药可以大大缓解身体不适。如果自己不熟悉戒毒医院，也可以依靠社区、派出所帮助联系。

3. 药物防复吸

（1）纳曲酮防复吸法。国内外戒毒界的实践证明，盐酸纳曲酮在预防戒毒者复吸中可以起到一定的作用。纳曲酮具有作用时间长、可以口服、使用方便等优点。纳曲酮没有严重的毒副作用，只有少数患者出现恶心、呕吐、腹痛、腹泻、头晕、焦虑等症状。纳曲酮是世界卫生组织推荐作为阿片类依赖脱毒后防复吸的首选药物，其作用原理是纳曲酮拮抗阿片受体，阻断海洛因的欣快作用，使心理渴求减少，复吸率降低。

（2）美沙酮维持疗法。美沙酮是麻醉性镇痛药，20世纪60年代开始作为新型镇痛剂和海洛因的替代疗法药物应用。虽然美沙酮也有一定成瘾性，但是比起应用阿片替代具有以下优点：美沙酮作用时间长，每日一次即可维持不产生戒断症状；美沙酮可口服，可避免静脉注射滥用造成的多种危害。美国、加拿大和我国香港等国家及地区三十几年前开始将美沙酮用于维持疗法，即戒毒者完成脱毒治疗由戒毒所回到社会后，为了防止他们复吸，允许他们每日到指定的美沙酮门诊，在医护人员的监督下服用美沙酮。该方法可使戒毒者既不至于出现戒断症状，又能阻止他们自行在社会上寻觅海洛因等毒品，也大大减少了艾滋病在静脉注射吸毒人群中的传播。

对美沙酮维持疗法也有人持不同意见，认为美沙酮也是毒品，这是以小毒代大毒，使毒品公开化。但是美沙酮维持疗法大大减轻了社会治安压力和用于禁毒的财政压力，因此越来越多的国家采用了该疗法。我国现在也已广泛采用美沙酮维持治疗门诊。

六、合成毒品导致精神障碍的治疗

什么是合成毒品，前面已有介绍，是指与取材于天然植物的鸦片、可卡因等相对而言，以化学合成为主的一类毒品，如苯丙胺类、氯胺酮、苯二氮䓬类，以及新精神活性物质。

由于合成毒品制作简单、价廉易得，成瘾性似乎又没有海洛因那样强，因此为吸毒者所追捧。近几年来，在我国很多大中城市，吸食合成毒品的人数已占吸毒人数的60%左右，有的城市甚至超过90%。故现在戒毒机构收治的吸毒者中，吸食合成毒品者越来越多。

合成毒品主要是致幻剂、兴奋剂和精神药物，故对吸毒者健康的危害主要表现为精神障碍。

（1）急性中毒。急性中毒系短期内大剂量吸毒所致，可表现为意识模糊、嗜睡、谵妄、错乱、昏睡或昏迷等状态。在意识障碍恢复过程中（过渡期）可出现幻觉妄想状态、躁狂或抑郁状态、木僵或抑郁状态、兴奋或抑郁状态、兴奋或紧张综合征等。

（2）慢性中毒。慢性中毒由长期、小量吸毒引起，发病缓慢，临床症状较持久。早期可出现脑衰弱综合征，病程中也可出现各种感知觉、情感和思维障碍。中毒后期可遗留神经衰弱综合征、遗忘综合征、痴呆状态和人格改变等慢性脑器质性综合征的表现。

合成毒品与海洛因毒品生理作用机制不同，故治疗方法也不一样。

1. 苯丙胺类药物滥用的治疗

（1）精神障碍治疗。苯丙胺类吸食者可出现急性精神障碍，表现为幻觉、妄想、意识障碍、伤人行为等，多数在停止吸食2 ~ 3天后症状消失。症状严重者可肌肉注射氟哌啶醇，或用地西泮等苯二氮䓬类药物，均有良好的镇静作用。

（2）躯体症状治疗。急性中毒者常出现高热、代谢性酸中毒和肌痉挛症状。苯丙胺类吸食过量所致恶性高热和高乳酸血症及最终出现的循环衰竭或休克可导致死亡。由于这种恶性高热是骨骼肌代谢亢进所致，除可用物理降温外，松弛肌肉是控制高体温的有效方法，可静脉缓注硫喷妥钠或用肌肉松弛剂琥珀胆碱，要注意中毒者呼吸和肌肉松弛情况，加强监护。苯丙胺类导致的冠状动脉痉挛是引起心肌缺血和心肌梗死最常见的原因，常用钙通道阻滞剂来缓解痉挛，改善心肌缺血。抗高血压药物对冰毒引起的心血管症状亦有良好作用。高血压危象可用酚妥拉明或硝普钠。改善代谢性酸中毒应采取足量补液，维持水、电解质平衡，利尿、促进排泄。

（3）依赖性的治疗。苯丙胺类药物的滥用可以产生精神依赖，但与海洛因、大麻等毒品不同，突然停吸后不会产生像阿片类、酒精类带来的严重的躯体戒断症状，故不需要替代治疗，控制戒断所致的不适可用苯二氮䓬类药物。戒断所致的持续抑郁障碍需要抗抑郁药物治疗。苯丙胺类躯体依赖治疗，往往因为戒断后强烈的心理渴求而变得较为困难，持续的戒断需要良好的心理干预和社会干预。

2. 氯胺酮滥用的治疗

（1）冲动行为、谵妄状态治疗。出现此种状态的吸毒者一般会出现不协调性的精神运动性兴奋，为避免意外，应使用镇静催眠药静脉滴注或者肌内注射。由于氯胺酮半衰期较短，这种急性幻觉妄想、谵妄状态一般在24小时内完全消失，少数滥用者持续1～2周，可使用抗精神病药物进行短期治疗，症状消失后减量至停药。一般使用镇静作用强的药物，如氯氮平、奋乃静等。

（2）精神性症状治疗。在进行精神性症状治疗时，先将戒毒者置于安静的空间，以减少外界环境刺激，并给予其充分安慰，以减轻其因幻觉、妄想所导致的紧张不安。常用药物为抗精神病药物，如氟哌啶醇口服或肌内注射。应注意的是苯丙胺类兴奋剂滥用者可能有多巴胺受体敏感性改变，使用抗精神病药物更易出现锥体外系反应，必要时应配合使用抗胆碱类药物拮抗。在戒毒者幻觉、妄想消失后抗精神病药物应逐渐停止使用。

（3）情绪症状治疗。如情绪症状持续时间不长或症状轻微则不必用药，严重者给予对症治疗，抑郁者使用三环类抗抑郁药或选择5-羟色胺再摄取抑制剂，焦虑者使用苯二氮䓬类药物，但也要注意防止此类药物滥用。

（4）戒断症状治疗。由于吸毒者经常不规律性地、间断地使用氯胺酮，一般少有明显的躯体戒断症状。少部分吸毒者在停用氯胺酮时有轻、中度的失眠、焦虑反应，可使用中、小剂量的抗焦虑药，如苯二氮䓬类的阿普唑仑或地西泮等，但此类药物也不能长久使用，以免产生依赖，应在两个星期内减量至停药，或换药。

3. 苯二氮䓬类滥用的治疗

苯二氮䓬类，如三唑仑长期吸食后停用，多数并不会出现明显的戒断症状，但少数易感体质者突然停药，可能会出现严重戒断反应甚至抽搐。逐渐停药可以减少戒断症状的频率和程度，或换成半衰期较长的同类药物，如先将三唑仑换成氯硝西泮，再逐渐减少氯硝西泮的剂量。戒断时如果出现失眠现象，推荐使用催眠药或者具有镇静作用的抗抑郁药，如曲唑酮、多塞平，也可使用苯海拉明、水合氯醛。苯二氮䓬类精神依赖性远大于躯体依赖，故心理支持治疗不可或缺。

第四章

毒品预防及相关教育

第一节　毒品预防基本知识

一、普通人群、高危人群、吸毒人群的三级预防

借鉴流行病预防学的三阶预防概念，可以同样将毒品预防教育分为三级预防。

1. 一级预防

其主要目的是提高普通人群对毒品及其危害的认识，采取的主要手段包括利用各种传播媒介，如广播、电视、报纸、展览、标语口号、招贴画等。在中小学生中，主要是进行有关毒品和毒品危害的课堂教育。

2. 二级预防

这种预防活动重在促进高危人群健康生活，帮助他们形成抵制毒品的能力。高危人群是指娱乐场所陪侍人员、演艺人员、运动员、无业人员、个体工商户等，包括青少年。

3. 三级预防

三级预防是针对已经吸毒的人群而进行的，包括为吸毒者提供脱毒（戒毒治疗）、康复、重返社会、善后照顾等一系列的服务，以期减少吸毒人数，降低吸毒者对毒品的需求，预防吸毒的各种并发症。

二、社会、学校、家庭、个人立体预防

1. 社会预防

（1）利用互联网、自媒体、广播、电视、报纸、广告牌、招贴画、宣传册、禁毒日等，进行“珍爱生命，远离毒品”的禁毒宣传。

（2）建立高危人群和重点环境的预防机制，重点环境是指歌舞厅、夜总会、酒店、会所、出租房屋等。

（3）建立对吸毒者的帮教挽救机制，由戒毒机构、防复吸机构提供帮助，引导吸毒者回归社会。

2. 学校预防

（1）学校是毒品预防教育的重要场所，在中小学，要进行有关毒品和毒品危害的课堂教育，将防毒、禁毒教育作为学生教育的重要内容，增强学生拒绝毒品、远离毒品的自觉性，提高自我防范的能力。

（2）青少年在学校活动时间比较长，他们的吸毒行为有可能在校园中表现出来，一旦怀疑或发现青少年有吸毒行为，校方必须及时地向家长和警方反映。

青少年禁毒教育

3. 家庭预防

（1）父母自身要远离毒品，以身作则，也要对孩子进行一些远离毒品、拒绝毒品的常识教育，提高防范能力。

（2）家庭要为孩子营造一个和睦温馨的成长环境，避免孩子到家庭外部寻求“温暖”，误入歧途。家长应多关心、关注子女，一旦发现吸毒苗头，应予坚决制止，并加以引导。

（3）孩子一旦吸毒，不掩盖、不护短、不歧视、不抛弃，积极配合学校、社区、警方，帮助孩子戒毒。

4. 个人预防

（1）树立正确的人生观、价值观和道德观，摒弃淫乐腐朽的生活方式，正确对待生活中的挫折和困难。

（2）学习有关禁毒的法律知识，了解毒品的性质、特征、危害等基本知识。

（3）提高自我控制、自我调节和抵御毒品诱惑的能力，学会如何拒绝毒品、远离毒品。

（4）自律自爱，养成良好的行为习惯，不好奇、不追求刺激，摈弃烟酒，远离毒品从不吸烟不饮酒做起。

第二节　青少年禁毒教育

一、青少年人群是禁毒教育的重点

青少年正处于生理、心理发育时期，心理防线薄弱，好奇心强，辨别是非能力差，不易抵制毒品的侵袭，加之对毒品的危害性和吸毒的违法性缺乏认识，就易成为被毒品侵蚀的高危人群。在美国曾有一项问卷调查显示，一组 16 岁少年中，近半数曾经尝试过毒品，3/4 的人反映曾经有人向他们提供过毒品。

青少年吸毒与犯罪紧密相连。青少年尚未工作，根本没有收入去维持毒品的昂贵消费，只有靠偷盗、诈骗、抢劫、贩毒、卖淫等违法手段获取钱财，从此走上不归路。

小贴士

拒毒“六法”

（1）远离不良嗜好。不吸烟、不酗酒，不滥用具有成瘾性的物质，养成良好生活习惯，自律自爱。

（2）慎重交友。对三观不正、有不良嗜好、旷课逃学、游手好闲的人，最好不要交往，多与正能量的人往来。

（3）远离高危场所。青少年涉世不深，不要进入歌舞厅、夜总会、私人会所等吸毒高发环境。

（4）聚会上不要接陌生人或久不联系的“老朋友”递过来的饮料、食品、香烟等，以防在不知情的情况下误食伪装了的毒品。

（5）收起好奇心，不要因为神秘、新奇、潮流、好玩而去挑战毒品的魔力，也不要相信“一口没事”去尝试。

（6）学会拒绝。面对“朋友”的劝吸，切不可抹不开面子，态度要坚决，语言可婉转，一定要保持不碰毒品的底线。

学会拒绝毒品

二、我国禁毒的文件

1.《关于加强新时代全民禁毒宣传教育工作的指导意见》

2019 年 1 月，国家禁毒委员会下发了《关于加强新时代全民禁毒宣传教育工作的指导意见》。该意见体现了习近平总书记关于要坚持关口前移、预防为先，深入开展毒品预防宣传教育，在全社会形成自觉抵制毒品浓厚氛围的系列重要指示精神，明确了新时期全民禁毒预防宣传教育工作的基础性、方向性、全局性和战略性问题，为基层进一步认清形势、深化认识，明确方向、把握规律，努力把新时代全民毒品预防教育做得更好、更有成效提供了有力指导。

2.“远离毒品”写进《中小学生守则》

教育部印发《中小学生守则》（2015 年修订版），守则共 9 条，282 字，涵盖学生德智体美劳全面发展基本要求，其中，“远离毒品”4 个字首次被写入。守则第八条写道：“珍爱生命保安全。红灯停绿灯行，防溺水不玩火，会自护懂求救，坚决远离毒品。”这对于提高广大中小学生毒品预防意识，降低沾染毒品的概率，保护青少年健康成长，具有十分重要的意义。

青少年是祖国的未来、民族的希望。在当前毒品已经成为全球公害的大形势下，广大中小学生接触毒品的风险非常高。因此，必须把青少年群体的毒品预防教育放在更加突出的位置，从娃娃抓起、从青少年抓起，从源头减少新吸毒人员的滋生。

3.《全国青少年毒品预防教育规划（2016—2018）》

为保护和促进青少年健康成长，努力从源头上减少新吸毒人员滋生，2015 年由国家禁毒办会同中宣部、公安部、教育部等 14 个部门联合制定了《全国青少年毒品预防教育规划（2016—2018）》（以下简称《规划》）。这个规划时至今日，对学校开展青少年禁毒教育依然有指导意义。

《规划》明确提出，以 10 岁至 25 岁青少年为重点，力争通过 3 年努力，构建完善的青少年毒品预防教育工作体系，形成分工明确、协作有效、监督到位、评估科学的工作机制；使青少年毒品预防教育方式更加新颖、方法更加多样，师资力量配置齐全，教育基地布局合理，宣传资料规范充实，禁毒社会氛围更加浓厚；使青少年识毒、拒毒、防毒意识和能力明显增强，新滋生吸毒人数大幅减少，毒品问题综合治理取得阶段性成效。

从世界各国禁毒斗争的经验来看，有效治理毒品问题，不仅要打击毒品犯罪、减少毒品供应，更重要的是预防吸毒人员滋生、遏制毒品需求，而预防教育的关键就在于青少年。只有坚持关口前移、防范在先，才能从根本上遏制毒品问题的滋生和蔓延。

《规划》明确提出，以学校为重要阵地。固定毒品预防专题教育课时，加强师资建设，开展在校学生吸毒监测和帮教，加强青少年毒品预防教育，校园是主要阵地。青少年吸毒甚至参与贩毒，暴露出一些地方对青少年预防禁毒教育工作不够到位，有的思想认识不够、工作没有跟上；有的没有将禁毒预防教育课程纳入教学内容，学生对毒品的危害认识不足；有的工作方法陈旧，禁毒预防教育缺少针对性和实效性。

《规划》明确提出，小学五年级至高中二年级每学年至少要安排1课时毒品预防教育专题课程。毒情严重地区的学校，每学年至少要安排2课时的毒品预防教育专题课程。

4. 在校学生毒品预防教育“五个一”活动

为切实落实《关于加强新时代全民禁毒宣传教育工作的指导意见》，巩固学校毒品预防教育成果，进一步增强在校学生识毒防毒拒毒意识和能力，2021年9月，国家禁毒委员会办公室、教育部办公厅联合印发通知，要求开展在校学生毒品预防教育“五个一”活动。通知要求，各地要结合正在全国集中开展的防范毒品滥用宣传教育活动，以新型毒品的伪装性、迷惑性、危害性和防范知识为宣讲重点，认真组织开展好“五个一”活动。

（1）参观一次禁毒展览。要充分利用各级禁毒教育基地（园地、科普教育馆）、全国青少年毒品预防教育数字化平台，有计划地组织学生参观学习。要通过制作禁毒宣传读本、折页、挂图等，将禁毒知识送进校园。

（2）开展一次禁毒主题班会。要指导学校精心设计班会的内容和形式，鼓励学校组织学生开展模拟禁毒法庭、禁毒社会实践等活动，增强主题班会的吸引力和教育效果。

（3）开展一次禁毒知识答题活动。各地学校要在完成禁毒专题课时的基础上，积极组织开展禁毒知识答题活动。

（4）开展一次禁毒作品征集活动。要以“防范新型毒品对青少年危害”为主题，结合庆祝中国共产党成立100周年和党史学习教育，组织开展征文、绘画、短视（音）频等多种形式的作品征集活动，并利用各类宣传园地和媒体平台进行展示。

（5）观看一次禁毒题材影视作品或文艺演出。要遴选禁毒题材优秀影视剧、微视频、动漫作品、公益广告等，供学校学生选择观看或进行集中播放，学校也可组织学生观看具有地方特色的原创禁毒话剧、情景剧等文艺演出。

通知强调，各级禁毒和教育部门要以开展“五个一”活动为抓手和依托，全面清理整治校园禁毒安全漏洞，消除安全隐患。要加强组织领导，详细制订活动方案，实现毒品预防教育全覆盖。要加强机制建设，进一步构建完善青少年学生毒品预防教育领导体系和工作机制，将毒品预防教育落实到职责岗位。要加强督导考核，把在校学生毒品预防教育工作纳入学生法治教育体系和“平安校园建设”重要内容，纳入学校年度考核和教育督导。

第三节　严厉打击毒品违法犯罪行为

一、国际禁毒日

自 20 世纪 80 年代以来，毒品在世界范围内蔓延泛滥，危害着人类的健康和国际社会的安宁，已成为严重的国际性公害，引起了全世界的高度关注。

1987 年 6 月根据联合国秘书长的建议，在奥地利首都维也纳召开了“麻醉品滥用和非法贩运问题的国际会议”，来自 138 个国家和地区的 3000 多名代表参加了此次会议，这是历史上一次大规模的禁毒国际会议。此次会议通过了禁毒活动的《综合性多学科纲要》，向各国政府和组织提出了在今后的禁毒活动中开展综合治理的建议。会议提出了“珍爱生命，远离毒品”的口号。6 月 26 日大会结束时，与会代表一致通过决议，将每年的 6 月 26 日定为国际禁毒日，或称为“禁止麻醉品滥用和非法贩运国际日”，以引起全世界各国对毒品问题的重视，号召全世界人民共同抵御毒品危害。

自 1987 年以后，各国在每年的 6 月 26 日前后都会集中开展大规模的禁毒活动。

二、联合国的两大禁毒战略

一种商品没有人生产、销售，也就不会有人买得到；反之，如果某种商品根本就没有人买，谁又会来制造这种商品呢，这就是供需矛盾的对立与统一。毒品的非法供应与非法需求之间也是这样一种对立统一：没有贩毒者，也就不会出现吸毒者；没有吸毒者，也就不会产生贩毒者。

从道理上来讲，减少毒品非法供应是预防药物滥用的根本策略。通过肃清毒品种植、生产的毒源，严厉打击毒品贩运，肃源截流，以从根本上减少社会上毒品的来源和人群中毒品的可获得性，达到控制药物滥用的目的。

但是目前的国际环境决定了任何一个国家都无可避免地会受到毒品的影响，仅靠一国之力根本无法解决毒品的问题。如何能够减少直至消除毒品对个人、家庭、社会、国家的危害？世界各国在不懈的努力之后达成共识，在 1990 年 2 月 20 日召开的“国际合作取缔麻醉药品和精神药物非法生产、供应、需求、贩运和分销的联大特别会议”上，确立了“减少毒品非法供应”和“降低毒品非法需求”两大禁毒战略。

1. 减少毒品非法供应

通过国家立法，用国家的严厉法律制裁种毒、运毒、贩毒者，并通过警方、海关等部门努力，加强对毒品的种植、加工、生产、运输、销售等环节的控制，对社会麻醉药品严格管理，堵源截流，切断毒品的来源。如果不减少毒品的非法供应，在毒品能够轻易得到的情况下，就会不断产生新的毒品滥用者。

2. 减少毒品非法需求

减少毒品非法需求有两个方面，一方面是对吸毒人群通过早期有效治疗和身心康复等综合性干预措施，使之尽早摆脱毒品；另一方面是针对未吸毒人群，特别是药物滥用的高危人群采取宣传教育手段，预防和减少新的吸毒者产生，从而降低社会上对各种毒品的需求量。

全球毒品之所以泛滥，一方面是社会上一批不法分子从事毒品的非法生产和贩卖，另一方面是有大量的瘾君子对各种毒品的需求。因此，禁毒斗争如果想取得成效，就必须“两减并行，即减少非法供应与非法需求双管齐下”。多少年来，人们投入巨大财力、物力、人力、精力，清毒、剿毒，减少非法供应。但对减少需求、消灭毒品消费市场重视却不够，结果事倍功半，毒品泛滥大有愈演愈烈之势。目前许多国家已经认识到这一点，近些年来一直大力推进减少非法需求的工作。

严厉打击毒品违法

我国禁毒工作的形势非常严峻，据有关方面统计，即使用现代化的仪器设备，海关、边防共同努力，也只能堵截毒流的1/10左右。如果仅希望通过截断毒源来控制吸毒，势必难以取得更大成效。国家近些年加大对减少毒品非法需求工作的资金投入与力度，通过科学与法律的普及教育，使全社会特别是青少年了解什么是毒品，毒品的危害性是什么，以及吸毒、贩毒、种毒的法律后果，在全社会筑起一道防毒、反毒的屏障。

三、我国的禁毒法律、法规、文件

我国政府对禁毒工作历来是高度重视的，早在1950年就制定了《麻醉药品管理暂行条例》，1978年国务院公布了《麻醉药品管理条例》。近几十年来针对吸毒在我国死灰复燃，国家又陆续发布了相关法规。主要有：

《全国人民代表大会常务委员会关于禁毒的决定》，1990年12月28日，中华人民共和国主席令第38号。

《关于加强戒毒医疗机构管理工作的通知》，1996年6月5日，卫药发〔1996〕第35号。

《戒毒药品管理办法》，1999年6月26日，中华人民共和国国家药品监督管理局令第 11 号。

《强制戒毒所管理办法》，2000 年 4 月 17 日，中华人民共和国公安部令第 49 号。

《中华人民共和国治安管理处罚法》（2012 年修正），2005 年 8 月 28 日，中华人民共和国主席令第 38 号；2012 年 10 月 26 日修订，中华人民共和国主席令第 67 号。

《中华人民共和国禁毒法》，2007 年 12 月 29 日，中华人民共和国主席令第 79 号。

《中华人民共和国戒毒条例》（2018 年修订），2011 年 6 月 26 日，中华人民共和国国务院令第 597 号；2018 年 9 月 18 日修订，中华人民共和国国务院令第 703 号。

《关于加强禁毒工作的意见》，2014 年 6 月 25 日，中共中央、国务院印发。

《麻醉药品和精神药品管理条例》（2016 年修订），2005 年 8 月 3 日，中华人民共和国国务院令第 442 号；2016 年 2 月 6 日第二次修订，中华人民共和国国务院令第 666 号。

《毒品违法犯罪举报奖励办法》，2018 年 8 月 26 日，国家禁毒委员会办公室、公安部、财政部发布。

《易制毒化学品管理条例》（2018 年修订），2018 年 9 月 18 日，中华人民共和国国务院令第 703 号。

《中华人民共和国刑法》（2020 年修正），2020 年 12 月 26 日修订，第十三届全国人民代表大会常务委员会第二十四次会议通过，中华人民共和国主席令第 66 号。

《戒毒治疗管理办法》，2021 年 1 月 25 日，国卫医发〔2021〕5 号。

四、严厉制裁制毒、贩毒

为了有效遏制贩毒现象的蔓延，我国逐渐加大了制毒、贩毒的打击力度，对制毒、贩毒进行严厉制裁，绝不手软。

《中华人民共和国刑法》（2020 年修正）（以下简称《刑法》）第三百四十七条规定，走私、贩卖、运输、制造毒品，无论数量多少，都应当追究刑事责任，予以刑事处罚。

走私、贩卖、运输、制造毒品，有下列情形之一的，处十五年有期徒刑、无期徒刑或者死刑，并处没收财产：

（一）走私、贩卖、运输、制造鸦片一千克以上、海洛因或者甲基苯丙胺五十克以上或者其他毒品数量大的；

（二）走私、贩卖、运输、制造毒品集团的首要分子；

（三）武装掩护走私、贩卖、运输、制造毒品的；

（四）以暴力抗拒检查、拘留、逮捕，情节严重的；

（五）参与有组织的国际贩毒活动的。

走私、贩卖、运输、制造鸦片二百克以上不满一千克、海洛因或者甲基苯丙胺十克以上不满五十克或者其他毒品数量较大的，处七年以上有期徒刑，并处罚金。

走私、贩卖、运输、制造鸦片不满二百克、海洛因或者甲基苯丙胺不满十克或者其他少量毒品的，处三年以下有期徒刑、拘役或者管制，并处罚金；情节严重的，处三年以上七年以下有期徒刑，并处罚金。

案例 36

广东陆丰吴某、吴某某，两个文化程度不高的农民，雇工在地下厂房生产冰毒，并形成“产供销一条龙”。查处时缴获冰毒高达 1 吨多，半成品 800 多千克，这还不算已大量流入社会的毒品。因其社会危害极大，罪行极其严重，2020 年 6 月 15 日二人被依法执行死刑。

五、吸毒违法

吸毒不仅只是对自身身心健康的危害，而且危害社会，影响社会秩序，因此在我国被认定为违法行为。

《中华人民共和国治安管理处罚法》第七十二条规定，有下列行为之一的，处十日以上十五日以下拘留，可以并处二千元以下罚款；情节较轻的，处五日以下拘留或者五百元以下罚款：

（一）非法持有鸦片不满二百克、海洛因或者甲基苯丙胺不满十克或者其他少量毒品的；

（二）向他人提供毒品的；

（三）吸食、注射毒品的；

（四）胁迫、欺骗医务人员开具麻醉药品、精神药品的。

案例 37

2018 年 11 月 28 日，歌手陈羽凡涉毒被抓。经尿检，呈冰毒类和大麻类阳性，被拘留 15 天。同时认定为吸毒成瘾人员，依据相关法律，公安部门责令其接受社区戒毒三年，需不定期到社区接受尿检和谈话，三年内复吸将被执行强制戒毒。

六、非法种植罂粟、大麻等毒品原植物违法

《刑法》第三百五十一条规定，非法种植罂粟、大麻等毒品原植物的，一律强制铲除。有下列情形之一的，处五年以下有期徒刑、拘役或者管制，并处罚金：

（一）种植罂粟五百株以上不满三千株或者其他毒品原植物数量较大的；

（二）经公安机关处理后又种植的；

（三）抗拒铲除的。

非法种植罂粟三千株以上或者其他毒品原植物数量大的，处五年以上有期徒刑，并处罚金或者没收财产。

非法种植罂粟或者其他毒品原植物，在收获前自动铲除的，可以免除处罚。

种植罂粟大麻违法

案例 38

有些人法制观念淡薄，私自种植罂粟用于人或家畜的治病偏方使用。2021 年 5 月 9 日，河北黄骅市某派出所民警在工作中发现，辖区内村民张某在自家空宅基地上非法种植罂粟 64 株。警方依法铲除非法种植的罂粟，违法行为人张某被公安机关依法处以行政拘留 15 日，并处罚款 3000 元。

七、严惩引诱、教唆、欺骗或强迫未成年人吸毒者

《刑法》第三百五十三条规定，引诱、教唆、欺骗他人吸食、注射毒品的，处三年以下有期徒刑、拘役或者管制，并处罚金；情节严重的，处三年以上七年以下有期徒刑，并处罚金。

强迫他人吸食、注射毒品的，处三年以上十年以下有期徒刑，并处罚金。

引诱、教唆、欺骗或者强迫未成年人吸食、注射毒品的，从重处罚。

案例 39

15 岁高一学生王某，趁着学校放假，来到深圳旅游，并前往网友贺某居住地。在贺某家，王某看到他坐在电视前用两根吸管和一个水瓶组合起来的工具在吸着什么，还用打火机在其中一根吸管那里烤着。王某感到非常好奇，便问道“这是什么东西。”贺某说：“这是 rush（一种新型毒品），你来两口试一下嘛。”在好奇心的驱使下，王某也吸了起来。两人的行为很快被周围邻居察觉，后接到群众举报，民警将贺某和王某抓获并带回派出所作进一步调查。经检验，王某的尿检结果为冰毒呈阳性。2019 年 9 月，法院经审理认为：被告人贺某无视国家法律，欺骗未成年人吸毒，其行为已经触犯了《中华人民共和国刑法》第三百五十三条引诱、教唆欺骗他人吸毒罪，判处有期徒刑 1 年，并处罚金人民币 1000 元。

八、容留他人吸毒是犯罪

近年来，吸毒人员急剧增多，一个不容忽视的原因就是吸毒场所没有得到有效控制。有的亲朋好友碍于情面，默许吸毒者在家中吸毒；有的歌厅、舞厅、洗浴中心、宾馆、会所等公共场所出于营利目的，为吸毒人员提供便利。对吸毒现象不制止不举报，同样也触犯法律。

《刑法》第三百五十四条规定，容留他人吸食、注射毒品的，处三年以下有期徒刑、拘役或者管制，并处罚金。

案例 40

2018 年 5 月 12 日晚，19 岁的在校学生陈某某为给女朋友庆祝生日，在一音乐会所招待十余个同学吸食“K 粉”（氯胺酮），被警方当场查获。2019 年 8 月 3 日经法院裁决，陈某某已构成容留他人吸毒罪，依法判处有期徒刑 3 年，并处罚金 10000 元。

九、毒驾也查处

吸食合成毒品后，吸毒者可产生精神极端亢奋甚至妄想、幻觉等症状，致使判断力低下甚至完全丧失判断，此时驾驶机动车会大大增加交通事故的发生。英国一项研究表明，酒后驾车的司机比正常司机反应时间慢 12%，“毒驾”则比正常反应时间慢 21%，吸毒后人往往会出现幻象，驾驶能力严重削弱，为恶性交通事故的发生埋下隐患。

因此，被查获有吸食、注射毒品后驾驶机动车行为，或在执行社区戒毒、强制隔离戒毒、社区康复措施，或者长期服用精神依赖性药品成瘾尚未戒除者，交管部门将会吊销其机动车驾驶证。北京市 2016 年第一季度对全市在册吸毒人员进行全面排查，查获毒驾高风险人员 540 余名，依法注销驾驶证 380 余个。

十、毒品分析检测

毒品检测犹如照妖镜，无论毒贩如何拒不承认，只需取少量可疑物便可分辨出是不是毒品；无论吸毒者如何百般抵赖，只要取一点血样，或是尿液、唾液，甚至几根头发，便可知是否吸毒。毒品分析检测在缉毒确认、毒贩量刑以及戒毒治疗中有着不容忽视、无可替代的重要作用。

毒品的分析检测，从分析手段上来讲，有化学分析与仪器分析之分；从检测形式上来讲，有快速检测和实验室检测之分；从分析样本来讲，有查获样品和吸毒者生物样品（血液、唾液、尿液、头发）之分；从样品的精确性来讲，又有定性分析和定量分析之分等。

1. 快速检测法

毒品的快速检测主要是化学显色方法和薄层色谱法。化学检测采用显色反应，利用毒品与不同化学试剂反应所生成产物的颜色变化或者沉淀物（结晶）形态来判断毒品的种类，具有试剂便宜、操作简单、反应速度快、结论直观等特点，但这只是常量的定性分析。薄层色谱法用预制好的层析板，利用毒品成分在展开剂中移动速度的不同来鉴别毒品的种类，检测较化学法更加精细准确。

随着科学技术的发展，一些实验室将检测仪器制成便携式，如拉曼光谱小型检测仪也被大量用于现场毒品检测。

快速检测适用于现场检验，能够在现场比较方便、快捷地得出毒品相关的结论，以助于办案人员能够快速得出相关的判断。

2. 实验室分析

在实验室，化学分析法作为辅助手段用于毒品检验分析的初筛和预实验，因其阳性结果容易受到一些干扰，可靠结果须经过色谱法等其他仪器检测方法进行确认。常用的仪器检测方法有荧光分析法、激光拉曼光谱技术、傅立叶变换红外光谱法、气相色谱法、气相色谱—质谱联用法、高效液相色谱、高效液相色谱—质谱联用、毛细管电泳分析法、免疫法、离子迁移谱技术等。

色谱法前处理复杂，耗时较长。傅里叶变换红外光谱法、激光拉曼光谱技术、荧光分析法等可以单独使用或与色谱联用，实现对毒品的有效鉴定。毛细管电泳分析法结合了电泳与色谱的优点，但也存在处理样品少和不能进行大量样品收集等缺陷。免疫法虽然操作简便并可以大量检测，但其灵敏性和特异性还有待提高。离子迁移谱技术与其他分析仪器联用可以弥补其分辨率不高的缺陷，以进一步拓宽应用范围。

毒品检测对打击毒品犯罪、侦破毒品案件、遏制毒品蔓延、提高戒毒治疗等具有非常重要的意义。随着现代分析技术的发展，越来越多新的检测手段及仪器设备被应用于毒品检测中，为毒品检测提供了更好、更快、更简便的方法。

第四节　吸毒迹象防范与防复吸

一、吸毒的成因

1. 好奇心驱使

“体会体会吸毒是什么感觉”“抽着玩玩”“试一试”“尝新鲜”等好奇心驱使而逐渐发展成瘾，这种好奇心态在众多调查报告的吸毒成因中占第一位，特别是在青少年中最为多见，多么可怕而危险的无知和好奇，这种“试一试”的念头往往就是走上吸毒不归路的开端。

案例 41

1997 年，影片《长大成人》在全国上映，与江珊、徐帆是同班同学的朱洁在片中成功地扮演了一个吸毒堕落女孩。然而朱洁本人在拍片过程中，出于好奇，尝试吸毒后成瘾。在该影片尚未公映时她就因吸毒过量而早早地结束了自己年轻的生命，令人扼腕。

2. 寻找刺激

有一些人错误地认为吸毒时髦、气派，是时尚富有的象征，特别是一些阔佬大款找刺激、演艺明星找灵感，殊不知一次接触，接踵而来的是悔恨与痛苦。

案例 42

歌手罗琦是20世纪90年代著名的摇滚女歌手，红极大陆与港台，为了适应时尚染上毒瘾，1998年毒瘾发作被警方送进戒毒所强制戒毒。这是娱乐圈第一例公开曝光的吸毒者。第二年她远赴德国，戒除了毒品，并结婚成家。2014年，当她谈及吸毒原因时说："吸毒的原因其实大同小异，朋友们一群人到了一个地方一起吸，觉得吸那玩意会产生灵感，是一种很酷的行为。"

3. 逆反心理

有的人是为给吸毒者做出戒毒的榜样，有的人不信吸毒后戒不了，还有的人被激将而吸毒。

案例 43

一个搞运输的老板这样自述："我经常去海南、湛江，那边的老板还有朋友不少都吸粉，他们跟我说抽上这东西戒不了，我说没有戒不了的东西，解放前有没有抽大烟的，一解放，不让抽了，不都照样戒了。他们说戒不了，不信你自己尝尝就知道了，他们这么一说，我真的抽上了，抽上之后还真离不了了。"

4. 被欺骗、引诱

也有一些吸毒者是在不知情的情况下被毒贩欺骗吸毒，几次后找到了欣快感而不能自拔。

案例 44

一个开酒楼的年轻女老板被一个不太熟悉的朋友请抽了一支烟，吸完之后，就觉得浑身没劲，轻飘飘的，几次之后，不抽就不行了，便开始花钱买毒品，成了一名吸毒者。7 年的时间里一共花费 200 多万元，酒楼因此而倒闭。

5. 不良环境的影响

夫妻间、兄弟姐妹间及朋友间如有吸毒者，极易影响周边的人参与吸毒。如演艺界的“群嗨”，大家都吸，虽然不会有人强迫你，但是如果你拒绝的话，会给人不合群的感觉。正是因为这种心态使一些艺人或青年人开始吸了第一口。

案例 45

日本艺人酒井法子本有着美好的前程、幸福的家庭，还有一个可爱的儿子。可她的丈夫高相佑一是个瘾君子，在他的影响下酒井法子也开始吸食毒品，2009 年的一天夫妻双双被捕，幸福戛然而止。酒井法子说：“想要停止的时候已经停不下来了。”出狱后，当年玉女红星沦为餐厅卖唱，不免令人心生唏嘘。

6. 负面生活的影响

有的人由于夫妻感情不和、失恋、父母离异、事业受挫、学业不佳、经营破产、失业待业等引起精神苦闷、情绪低落，以吸毒麻醉自己，解脱苦闷。

案例 46

在中国好声音中脱颖而出的歌手李代沫，出道后进入了“一个特别的圈子”，圈子里很多人都吸食冰毒。他参加选秀节目蹿红后，演出工作多了，就疏远了这个圈子。后来在工作和生活上接连遭遇挫折，使李代沫心情低落，“有时候连跳楼的心都有”。于是他又想起那些圈子里的朋友，并再次和他们取得联系，一次又一次地聚在一起吸毒。后被警方查获，被法院判处 9 个月刑期。

7. 医源性成瘾

有的人因疾病治疗长期应用某种产生依赖性的药物而成瘾。由于国家对麻醉药品控制严格，现在医源性阿片类药物成瘾已不多见，但一些非麻醉性镇痛药、镇静催眠药却有滥用现象发生。也有个别人一开始是自行用吗啡类药物治疗而染上毒瘾的。

案例 47

一个 21 岁的姑娘，总是胃疼。一次在一个朋友家，她再次胃痛发作，朋友拿来白粉告诉她吸几口就不疼了，她吸了几口果然不疼了。从那以后，她只要一胃疼就去找那个朋友，就这样染上了毒瘾。

二、青少年染上毒瘾的迹象

当一个人染上毒瘾，总会有种种迹象显露，当发现周围同学等有这种情况时，应及时报告老师或校方等。

（1）无故旷工旷课，经常迟到，工作业绩或学习成绩突然下降，行为表现突然异常。

（2）行动鬼鬼祟祟，不想与人接触，躲避或远离家人或他人。

（3）经常出入偏僻的地方和迪厅等处，与吸毒的坏朋友交往。

（4）生活节奏混乱，日夜颠倒，反应迟钝，记忆力下降，容易猜疑，思想行为偏激，言行难以理解。

（5）终日无精打采，对平时喜欢的活动也失去兴趣，神不守舍，精神不集中，坐立不安，情绪不稳定及暴躁，睡眠差及失眠。

（6）藏有吸毒工具（如注射器、锡纸、吸管、刀片、羹匙、烟斗、布头）及毒品。

（7）突然向父母或同学、朋友借钱而不还，或在家中、学校有偷窃行为。

（8）注射海洛因者夏季总穿着长袖衬衫，以掩饰手臂上的针孔；或不分场合地戴墨镜，遮掩收缩的瞳孔。“摇头丸”的吸食者对迪斯科音乐异常敏感，听到这类音乐就摇头晃脑。

三、导致青少年吸毒的影响因素

1. 青少年社会经验少

贩毒分子将毒品伪装成强身益智的保健品，向青少年兜售，致使一些青少年在一无所知的情况下染上毒瘾。

2. 青少年好奇心强

调查显示，从感到好奇到想试一试，继而吸食，这是青少年吸毒者染上毒瘾最常见的模式。上海曾对中学生进行过一次毒品认知度调查，竟有12%的中学生认为毒品“不妨一试”。这是多么可怕而危险的无知好奇啊！

3. 新媒介便利了毒品的传播

联合国《2021年世界毒品问题报告》表明，随着互联网及其衍生行业的加速发展，全球毒品供应链运作方式受到明显影响，暗网的毒品交易额已经超过了3.15亿美元。网络、QQ、陌陌、微信等新媒介成为接触毒品的新途径，特别是网络社交毒品购销渠道以及快递运输渠道的畅通，不仅吸引了一些在校学生参与吸毒，甚至参与贩毒。

案例 48

2015 年年底，温州警方经缜密侦查，成功打掉了一个横跨境外和全国各地的网络特大贩毒团伙，抓获犯罪嫌疑人 23 名，缴获毒品大麻 200 多千克。这一网络贩毒团伙主要利用 QQ、微信等网络聊天工具进行联系，毒品通过快递伪装成茶叶、巧克力进行贩卖。在这一贩毒网络中，主要罪犯是一个 33 岁的研究生，他们将毒品销往全国各地 37 所高校。销售网络有七层代理，销量最大的是一个 16 岁的姑娘。

4. 禁毒教育不到位

有时候在禁毒教育上说教多于说理。一些新闻报道只是宣传“你不能吸毒”“一吸毒就死”，而没有把毒品危害的医学道理讲明白，使青少年对报道的真实性产生怀疑，甚至激起逆反心理。有的宣传对戒毒手段的作用过于夸大，往往会让不了解毒品成瘾原理的人以为毒瘾很容易戒掉。

要摆脱毒品对青少年的侵害，需要加强毒品预防教育，使广大青少年真正认识到毒品的危害。当拒毒意识成为一种自觉时，也就不会成为毒品魔爪下的牺牲品了。

小贴士

拒毒应对技巧

远离毒品最重要和最有效的措施就是不要尝试第一口。尝试毒品不是勇敢的展示，坚持拒绝才是勇气和智慧的表现。

（1）直接说不。坚定直接地拒绝，如说“我对此没有兴趣”。

（2）不做任何回应。无动于衷，或掉头便走。

（3）寻找借口。说一个理由或借口，婉转地拒绝。

（4）反客为主。可以称兄道弟地说“是朋友就不要勉强我去尝这些东西”。

（5）转移话题。即时提出另一个建议，如相约去打球、去游泳等，借此转移话题。

（6）重复拒绝。你的“朋友”每每建议都遭到你的拒绝以后就不会再找你了。

（7）亲良疏莠。远离吸毒的相识者，和不吸毒的朋友在一起。

（8）远离陷阱。不到吸毒者经常流连的地方去，不给那些人引诱你尝试毒品的机会。

第五节　在青少年中积极开展禁烟限酒教育

烟、酒虽然没有受到国家法律禁止，但因其有一定的成瘾性，在世界医学领域将其视为“软性毒品”，因此应进行一定的控制与限制，特别是对青少年人群更应积极开展禁烟限酒的教育。

一、烟草的滥用及禁烟

1. 吸烟已成为全球问题

烟草，属茄科草本植物，原产于南美洲，有上千年的栽培与应用历史。15世纪末，哥伦布发现美洲新大陆，没有找到黄金，却发现当地印第安人有吸食烟草的习惯，之后烟草渐渐传入欧洲，传向世界，于明朝万历年间传入我国。烟草种植现已遍及世界120多个国家和地区，成为许多国家重要的经济作物。香烟成了全人类不分国度、不分种族、不分肤色、不分性别的共同嗜好品。如今世界上有13多亿人在吞云吐雾，为什么烟草能成为这么多人的嗜好呢？

烟草种植加工

2. 吸烟对生命的威胁

也许你不知道，一支两寸长的香烟，竟含有 1200 多种物质，在燃烧中又会产生 3900 多种化学物质，其中有尼古丁、焦油、一氧化碳等 40 余种有害物质，严重威胁吸烟者的健康。

从国内外大量的流行病学调查报告及动物实验的结果来看，吸烟的危害是令人触目惊心的。从 2020 年全球吸烟趋势相关数据可以明显看出，吸烟会导致的沉重健康代价: 全球吸烟人数增加到 13.67 亿, 吸烟导致的死亡人数达 700 多万，全球男性死亡中的 1/5 都是由吸烟导致的。根据中国疾控中心发布的统计数字，中国有超过 3 亿吸烟者，吸烟每年使我国 100 多万人失去生命，如果烟草使用情况得不到控制，预计到 2050 年将增至每年 300 万人，成为疾病死亡的首要元凶。

3. 吸烟对身体的危害

“饭后一支烟，赛过活神仙”，当吸烟者无比惬意地享受着吸烟的快乐时，会想到香烟正在吞噬着他的生命吗？有科学家论证，吸烟者每吸一支香烟，寿命将缩短 14 分钟，也就是说如果吸烟者每天抽 20 支烟，坚持 10 年，他的生命就将减少近两年。2019 年全球统计，吸烟导致 170 万人死于缺血性心脏病，160 万人死于慢性阻塞性肺疾病，130 万人死于气管癌、支气管癌和肺癌，近 100 万人死于中风。既往研究表明，至少有 1/2 长期吸烟者的死亡与吸烟直接相关，吸烟者的平均预期寿命比不吸烟者少 10 年。

香烟点燃后，燃烧带的最高温度高达 800 ℃，燃烧的烟雾中包含对人体有害的尼古丁、多环芳香烃、酚、β-萘胺、苯并芘、亚硝胺、吲哚、一氧化碳、氢氰酸、乙醛、丙烯醛、氨、肼、甲醛等化学物质，还有镉、镍、砷、铅等重金属。

吸烟对健康的危害

（1）吸烟与癌症。烟草中与肺癌相关的有害物质达 69 种，其中亚硝胺和苯并芘是焦油中致癌性最强的两种物质。在烟草所致的疾病中，肺癌发病率最高。据专家临床证实，87% 的肺癌引发的死亡与吸烟有关。香烟燃烧后所产生的化学致癌物质还可使口腔癌、咽喉癌、食道癌、膀胱癌、胰腺癌、肾癌等发病率增高。特别要指出的是，二手烟对被动吸烟者的危害完全不亚于主动吸烟者，特别是对少年儿童的危害尤其严重。

（2）吸烟对呼吸系统的损害。含有多种化学物质的烟雾进入气管、支气管和肺，刺激产生痰液，使气道阻力增大、肺泡增大。吸烟导致呼吸道疾病发病率上升，引发的疾病包括慢性咽喉炎、慢性支气管炎、肺炎、肺气肿及肺心病。

（3）吸烟对心血管的损害。心血管疾病列全世界死因的第一位，世界卫生组织认为，吸烟不仅对呼吸系统有损害，对心血管系统影响也很大。一氧化碳、尼古丁等促使血液黏度增加、血脂增高、血管硬化、脑出血，从而增加了脑血栓、冠心病、心肌梗死等疾病的发生。75%的冠心病和高血压患者有吸烟史，吸烟者冠心病发病率比不吸烟者要高 3.5 倍，冠心病病死率比不吸烟者高 6 倍。

（4）吸烟对女性健康的影响和对胎儿的损害。女性吸烟者可导致性激素的分泌紊乱，易患生殖器感染、月经紊乱、绝经提前、受孕障碍。孕妇吸烟可大大增加流产的危险，并且抑制胎儿的发育，增加弱小婴儿的出生率。父母吸烟是婴儿猝死的一个因素，同时与小儿的支气管炎、感冒、肺炎等呼吸道疾病高发有关。

此外，长期大量吸烟对神经系统产生影响，引起头痛、失眠、神经衰弱、记忆力衰退等；吸烟还会对消化系统造成损害，导致味觉迟钝、口臭、口腔溃疡、牙周炎，刺激消化道黏膜引起胃与十二指肠溃疡等；吸烟能加速衰老的发生，一般吸烟者比非吸烟者平均早5年发生老年性痴呆；吸烟降低自身的免疫力，易导致感染性疾病发生；吸烟对面部皮肤有不良刺激，经常吸烟者口唇与面部缺乏光泽；吸烟还会导致男性阳痿和精子制造能力下降，影响视力及易患白内障等。而且吸烟会对多种药物治疗有影响，服药期间最好戒烟。

可见，吸烟对健康的损害比任何一种疾病都严重，烟草流行是对健康最大的威胁。

4. 青少年吸烟问题

青少年正处于生长发育时期，各组织器官尚未成熟，吸烟对健康发育危害更大。令人担忧的是，年轻人的吸烟率却一直居高不下，2019年统计，全球半数以上国家的15～24岁人群吸烟率没有降低，89%的吸烟者在25岁前开始吸烟。在我国吸烟者的队伍里，青少年也越来越多，时常可见初中生、高中生躲在厕所里或放学后聚在一起吸烟。2021年，中国疾病预防控制中心组织实施了全国中学生烟草流行调查，调查显示中学生尝试吸卷烟的比例为16.7%，中学生现在吸卷烟的比例为4.7%。国外有研究表明，青少年吸烟、喝酒的年龄越早，越有可能滥用和依赖其他毒品。

5. 烟草的成瘾性

吸烟不同于吸毒，它得到了社会认可，容易获得，中毒症状不会即时表现。但它之所以有着广泛的消费群体，根本原因是它与毒品有着一个共同点，那就是成瘾性。

烟草的化学成分很多，其生理作用成分主要是尼古丁，又称“烟碱”，是一种强烈的中枢兴奋剂。当香烟点燃时，烟雾中的尼古丁随烟雾通过呼吸道进入血液与组织器官，8秒之后，就能到达脑部，与静脉注射药物在血液中的传播速度一致。通过直接兴奋对乙酰胆碱递质敏感的受体，对中枢神经系统、周围神经系统、心血管系统等产生作用。

尼古丁可使机体产生生理依赖性，当吸烟者终止吸烟时，体内尼古丁水平下降，可出现头痛、肌肉痛、恶心、便秘、腹泻以及精神萎靡不振、易疲劳、失眠、易急躁发怒、注意力不集中等戒断症状。同时，烟碱也会产生心理依赖性，会使戒烟者产生持续数日乃至数月复吸的心理渴求。

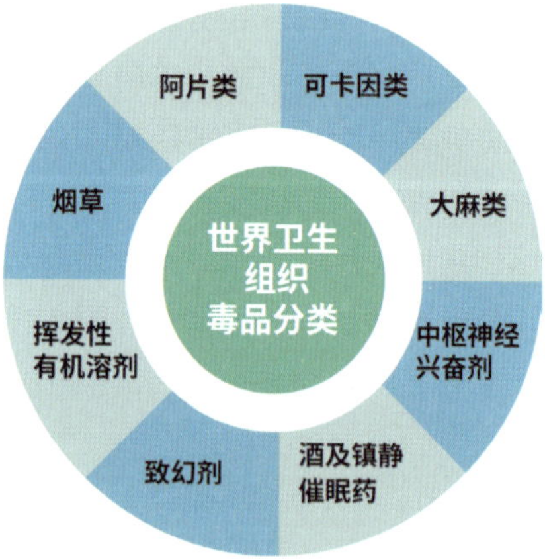

WHO 对毒品的分类

药物滥用方面的专家认为，烟草的依赖性与海洛因、可卡因依赖性是一样的。吸毒者多有吸烟史，2008 年我国宁波市微循环与莨菪类药研究所调查了 576 名海洛因依赖者，吸毒前有吸烟史的占 83.54%。吸烟是吸毒的跳板基础已为世界共识。因此，世界卫生组织一直将尼古丁视为毒品的一种，国际疾病分类第 10 条也把对烟草的依赖列入精神和行为紊乱一类。因此，吸烟也属于药物滥用范畴。

6. 烟草的控制与青少年禁烟教育

目前全世界虽然没有像禁止海洛因、可卡因等毒品那样管制烟草，但也采取了一系列的相应措施控制烟草。近年来，我国陆续出台了有关控烟、禁烟的规定，如提高烟草制品质量，降低焦油和其他有害成分的含量，加强对吸烟危害健康的宣传教育，禁止在公共场所吸烟，禁止香烟广告，禁止中小学生吸烟等。

二、电子烟对健康的危害

1. 电子烟的盛行

青少年心智尚不成熟，特别是男孩出于好奇往往会模仿成年人吸烟，但国家规定香烟不准许出售给青少年，学校规定学生不许吸烟，因此电子烟替代了传统香烟成了青少年新宠。电子烟不仅能缓解压力，提神醒脑，而且吸完之后，嘴巴和身体都没有异味，省去了吸传统香烟被老师和家长发现的烦恼。

2018 年，美国有超过 360 万的青少年使用电子烟， 其中高中生占 20.8%，初中生占 4.9%。上海市黄浦区疾病预防控制中心对本区中学生进行调查，发现学生对电子烟的知晓率高达 94.6%，使用率为 3.8%；对上海市在校大学生进行调查，发现大学生电子烟的使用率为 7.65%。公开报道显示，15 岁至 24 岁的青少年已成为电子烟的消费主力，不得不引起人们的关注。

2. 什么是电子烟

电子烟是一种能释放尼古丁的电子雾化装置，由锂电池、压力传感器、控制电路板、发光二极管等组成。锂电池为能源，能够加热烟弹的烟液，使其雾化释放。世界卫生组织称其为“电子尼古丁传送系统”。因应用了电子元件，有吸烟动作和吸烟景象效果，故俗称为电子烟。

最初电子烟是作为“戒烟产品”，所以外形和感觉均类似传统卷烟。但经过了十几年的发展和演变，电子烟开始向消遣品转型，第二代电子烟摆脱了传统卷烟造型，形状多样，如笔、螺丝刀、水烟管等造型。第三代电子烟则将电子功能极致化，如可自行调节雾化器的电阻力来控制烟雾的大小等。

电子烟的烟液主要含烟碱、溶剂、香料。烟碱即尼古丁，具有成瘾性；溶剂有丙二醇、丙三醇（甘油）、多元醇、乙二醇、水等，约占电子烟烟液质量的 90%。

3. 电子烟对健康的危害

（1）尼古丁的危害。电子烟能让使用者产生舒适感的物质依然是尼古丁，不同规格的电子烟配有不同浓度的尼古丁。为了提高兴奋感，有的电子烟尼古丁含量甚至超过传统卷烟。电子烟添加的尼古丁和传统卷烟释放的尼古丁一样，都通过吸入肺部进入血液循环进而快速到达大脑，刺激大脑释放大量多巴胺，使使用者产生快感，久之成瘾。尼古丁除了具有成瘾性，还会对机体健康产生危害。

（2）辅料成分的危害。电子烟与传统卷烟比较，依然保留了对人体有害的尼古丁，缺少的仅是含有焦油的有害物质。但是电子烟烟液所用溶剂有丙二醇、丙三醇、多元醇等，人工香料有肉桂醛、薄荷醇、苄醇、香兰素、丁香酚、苯甲醛、对苯甲醛、肉桂酸乙酯、麦芽醇、乙基麦芽酚、三乙酸甘油酯、薄荷酮等，这些成分加热气化的产物，会影响青少年的大脑、呼吸系统等各个器官的正常发育；所含 PM2.5 值高出正常空气中的几十倍，会对呼吸道产生不同程度的刺激作用。一项针对北京市吸烟人群的调查发现，有 34.7% 的电子烟使用者出现咽喉刺激或咳嗽、口干、恶心、头痛等不良反应。

（3）嗜吸传统卷烟的跳板。在药物使用中，使用无害的药物导致其他有害药物的使用被称为“门户效应”，电子烟也存在“门户效应”，非吸烟者使用电子烟后会过渡到使用传统卷烟，电子烟给传统卷烟使用充当了门户、跳板。有研究表明，只吸电子烟的青少年未来吸食传统卷烟的概率，是从不使用电子烟者的 2 倍。

4. 电子烟的管理

全球各大烟草集团纷纷涉足电子烟产业，引发广泛的公共卫生关切。美国食品和药物管理局（FDA）2018 年 3 月发布的《烟草制品问题报告》显示，自 2017 年 1 月以来，电子烟问题占所有烟草制品问题的近 70%。

我国《未成年人保护法》第五十九条规定，学校、幼儿园周边不得设置烟、酒、彩票销售网点。禁止向未成年人销售烟、酒、彩票或者兑付彩票奖金。烟、酒和彩票经营者应当在显著位置设置不向未成年人销售烟、酒或者彩票的标志；对难以判明是否是未成年人的，应当要求其出示身份证件。

2021 年 11 月，国务院修订了《中华人民共和国烟草专卖法实施条例》，其中增加了第六十五条，明确“电子烟等新型烟草制品参照本条例卷烟的有关规定执行”，表明电子烟等新型烟草制品参照卷烟进行监管。

2022 年 3 月 11 日，国家烟草专卖局发布《电子烟管理办法》，其中明确：“禁止向未成年人出售电子烟产品。电子烟经营者应当在显著位置设置不向未成年人销售电子烟的标志；对难以判明是否是未成年人的，应当要求其出示身份证件；禁止利用自动售货机等自助售卖方式销售或者变相销售电子烟产品。”

5. 远离电子烟的诱惑

现今的电子烟已经完全没有了传统卷烟的影子，它们被生产商打造出了各式各样炫酷的外形，有的像烟斗、水烟袋、雪茄、打火机，还有的像笔、钥匙扣、唇膏、玩具、饮料、口香糖。并且还会通过添加不同的辅料，生产不同口味的电子烟来满足不同的个人喜好。这些都会对未成年人增加诱惑力。

我们要记住，电子烟不是无害的，电子烟如同卷烟一样对健康危害极大。世界卫生组织《2021 年全球烟草流行报告》明确电子烟有害，国家卫健委发布的《中国吸烟危害健康报告 2020》指出，有充分证据证明，电子烟是不安全的，会对健康产生危害。未成年人是国家的未来，保护未成年人的健康是全社会共同的责任。我们要抵住诱惑，远离烟草与各种电子烟。

琳琅满目的电子烟

三、酒精的滥用及危害

1. 酒精滥用历史最久

远古时代，人们的祖先居住在天各一方的闭塞环境里，无法谋面，没有交流，然而他们却不约而同地从水果或粮食的发酵中发明了流传数千载，至今仍为人们举杯共饮的琼浆玉液，那就是酒。自古以来，新婚庆典、迎宾待客、朋友聚会、节日宴席、社交酒会都少不了酒来烘托气氛。酒成了祝福的载体、享乐的化身、友谊的媒介，成了人们生活中不可缺少的东西。

但无论是什么酒，其中必有不同浓度的酒精成分（乙醇）。酒精进入体内后作用于神经系统，少量饮用可使人产生欣快兴奋感，但若无节制地饮用，则会对人体造成各种损害，还会给社会带来危害。因此，从这个角度来讲，酒可以说是一种滥用历史最悠久的物质。在《国际禁毒公约》中，烟、酒和毒品一并认定为“有依赖特性”的物质，是国际公认的“软性毒品”。毒品的危害得到人们重视，烟草的危害也已人人皆知，唯有酒精的危害，往往被人们所忽视。由于酒的合法性，20 世纪 90 年代以后，世界上酒的消耗量呈上升趋势。在许多国家，酒的滥用几乎成了不亚于海洛因、冰毒、可卡因等毒品的社会公害。世界卫生组织发布的《2014 年酒精与健康全球状况报告》显示，2012 年全球因有害使用酒精造成 330 万人死亡，超过艾滋病、肺结核、暴力事件死亡人数的总和，占全球死亡总数的 5.9%。据估算，平均每 10 秒钟就有一人因饮酒死亡。

专家们呼吁，全社会都要重视酗酒与嗜酒的危害，为了健康莫贪杯、莫恋酒，饮酒一定要有节制。

2. 酒精的成瘾性

酒精和鸦片有相似的作用，少量饮用可以缓解因现实困难和心理方面引起的紧张和焦虑，提高情绪，克服羞怯、胆小和犹豫。“武士得酒，杀敌如操刀剖芥”“文人得酒，才气如无闸之水”，唐代诗人杜牧经常“醉头扶不起，三丈日还高”。如此饮酒日久，便会嗜酒成瘾，形成了现代医学上所讲的酒精依赖性。

当饮酒后，进入体内的一部分酒精进入血液循环，刺激体内阿片肽一时性升高从而使人感到欣快。但长期饮酒就会造成人体需借助酒精维持阿片肽常态水平。另外，进入人体内的酒精一部分代谢为乙醛，乙醛可形成四氢异喹啉，亦可起到类似阿片的作用，产生欣快感和假性感觉良好。

长期大量饮酒者突然中断饮酒时，也会出现戒断症状，如手指震颤、恶心、无力、出汗、焦虑不安、失眠烦躁、易怒、心跳过速、周身疼痛、幻听幻觉、全身痉挛等，一旦恢复饮酒，这类症状就迅速消失，只有不断饮酒，才能避免上述不适。

3. 酒精对健康的危害

（1）急性中毒。一次饮酒过量而发生醉酒，在医学上称为急性中毒。轻者语言含混不清、面部赤红或铁青、动作失调；重者丧失自制能力，寻衅吵闹、踉跄蹒跚，直至醉卧不起、昏迷不醒，当血液中酒精浓度超过0.5%时就会导致死亡。澳大利亚对1993年至2002年10年间年龄在15岁至24岁已故青少年的死因进行了分析，酗酒已经成为青少年身亡的主要“杀手”之一，每6人中有1人是直接或间接死于酒精的过度摄取。

（2）对中枢神经系统的损害。当血液中的酒精浓度达到0.1%时会使人感情冲动，达到0.2%～0.3%时会使人行为失常。据报道，全世界约1/3的交通事故和工作事故是酗酒引起的。法国40%的车祸是由司机贪杯酿成的，德国50%的刑事犯罪是酗酒后发生的。酗酒闹事、自杀、性暴力等，多是过度饮酒的产物。长期酗酒者，中枢神经系统呈慢性中毒状态，有的会发展到酒精中毒性精神病，会发生伤人毁物等冲动行为。长期大量饮酒还会导致四肢麻木、肌肉萎缩无力等。

案例 49

1995年10月2日，正当红的演艺新星洛桑在晚上演出结束后与朋友喝了几杯，次日凌晨自驾回家。马路空旷，他在酒精的作用下一路狂奔，结果撞在抛锚的大卡车上，不幸罹难，年仅27岁。2004年5月11日深夜，著名演员、东京国际电影节影帝牛振华也因醉酒驾车与大货车追尾，演艺生涯戛然而止，令人惋惜。参演过偶像剧《玻璃动物园》《罗密欧与朱丽叶》《彩虹的尽头》的中国台湾艺人高圣凯，于2009年4月5日到垦丁参加音乐季，酒后驾车，发生车祸和女友双双身亡，年仅23岁。

（3）对肝脏的损害。酒精进入体内后，90%～95%要通过肝脏代谢，故饮酒对肝脏损害特别大，嗜酒者易患脂肪肝、酒精性肝炎、肝硬化、肝癌等疾病。酗酒者肝硬化发病率是普通人的3倍，肝癌发病率是普通人的9倍。在西方国家，80%酒精中毒是肝硬化的原因，我国的酒精性肝病发病率也逐年上升。狂饮暴饮还会引起急性酒精性肝炎和诱发凶险的急性坏死性胰腺炎。

（4）对生殖系统的损害。男性饮酒会导致精子畸形，畸形精子与卵子结合，会使胎儿发育缺损，智力低下，成为痴呆儿的可能性为20%。女性饮酒对胎儿也有影响，酒精会通过胎盘进入胎儿体内，引起胎儿智力发育障碍。尤其是受孕前后酗酒后患无穷，目前，美国每500～1000个新生儿就有一例患“胎儿酒精中毒综合征”，这种患儿体重轻，头颅小，面相丑陋，身短手长，精神发育异常，痴呆或愚笨。

（5）对消化系统的损害。酒精刺激胃黏膜，可引起消化道黏膜充血水肿，导致食道炎、胃炎、胃溃疡、十二指肠球部炎症等。日本学者曾报告，嗜酒者消化道癌症的发病率比不饮酒者高12倍。

（6）对心血管系统的损害。酒精可使血脂升高，导致高血压、高脂血症和冠状动脉硬化及心脏功能受损。大量饮酒会使心率加快，血压升高，易诱发中风。中国药物依赖性研究所的一项调查表明，每周饮酒过量的人，死亡率比不饮酒者高30%。

4. 青少年要远离酒精

因为青少年正处于生长发育时期，大脑、肝、肾等组织器官尚未发育成熟，酒精对这些稚嫩器官毒害更甚。有学者在2008年至2010年，对5000名中学生进行调查，发现其中有半数以上曾经饮酒。与不饮酒的学生相比，饮酒的学生各种心理行为问题发生的可能性显著增高，如注意力难以集中、易与人发生争执、易产生自杀倾向、与其他孩子相处困难。

有些学者提出对青少年的教育中，应将“远离酒精”与“远离毒品”相提并论。

酗酒对健康的危害

结束语

青少年是祖国的未来，加强青少年毒品预防教育工作，对保护和促进青少年健康成长，遏制和减少新吸毒人员滋生，有着极为重要的意义。

2015 年 6 月 25 日，习近平总书记在会见全国禁毒先进集体代表和先进个人时作重要讲话，指出毒品是人类社会的公害，是涉及公共安全的重要问题，不仅严重侵害人的身体健康、销蚀人的意志、破坏家庭幸福，而且严重消耗社会财富、毒化社会风气、污染社会环境，同时极易诱发一系列犯罪活动。近年来，各地区各有关部门认真贯彻落实党中央关于禁毒工作的决策部署，深入开展禁毒斗争，综合治理毒品问题，有效遏制了毒品问题快速蔓延的势头，为保障人民安居乐业做出了重要贡献。

2018 年 6 月习近平总书记指出，要坚持关口前移、预防为先，重点针对青少年群体，深入开展毒品预防宣传教育，在全社会形成自觉抵制毒品的浓厚氛围。

2020 年 6 月习近平总书记指示，当前，境内和境外问题、传统和新型毒品的危害、网上网下毒品犯罪相互交织，对群众生命安全和身体健康、对社会稳定带来危害，必须一如既往、坚决彻底把禁毒工作深入进行下去。

习近平总书记强调，禁绝毒品，功在当代、利在千秋。禁毒工作事关国家安危、民族兴衰、人民福祉，厉行禁毒是党和政府的一贯立场和主张。各地区各有关部门要切实增强做好禁毒工作的政治责任感，以更加坚定的决心、更加有力的措施、更加扎实的工作，坚持严打方针不动摇，坚持多策并举、综合治理，坚持部门协同、社会共治，保持对毒品的“零容忍”，锲而不舍，常抓不懈，坚定不移地打赢禁毒人民战争，不获全胜决不收兵。

这充分表明了我们党和政府对禁绝毒品的坚定决心和鲜明态度。青少年承载着国家的希望和民族的未来，寄托着每个家庭对美好生活的期盼，我们有责任对青少年人群宣传好、教育好、引导好，最大限度地防止他们陷入毒品的深渊。为了国家，为了民族，为了子孙，大家行动起来吧，远离毒品，从我做起，祈盼世界早一日成为无毒品的净土，共创更加灿烂美好的明天。

全民禁毒，共创灿烂美好明天

附录

附录 1

中华人民共和国刑法（2020 年修正版）（节选）

——走私、贩卖、运输、制造毒品罪

第七节　走私、贩卖、运输、制造毒品罪

第三百四十七条　【走私、贩卖、运输、制造毒品罪】走私、贩卖、运输、制造毒品，无论数量多少，都应当追究刑事责任，予以刑事处罚。

走私、贩卖、运输、制造毒品，有下列情形之一的，处十五年有期徒刑、无期徒刑或者死刑，并处没收财产：

（一）走私、贩卖、运输、制造鸦片一千克以上、海洛因或者甲基苯丙胺五十克以上或者其他毒品数量大的；

（二）走私、贩卖、运输、制造毒品集团的首要分子；

（三）武装掩护走私、贩卖、运输、制造毒品的；

（四）以暴力抗拒检查、拘留、逮捕，情节严重的；

（五）参与有组织的国际贩毒活动的。

走私、贩卖、运输、制造鸦片二百克以上不满一千克、海洛因或者甲基苯丙胺十克以上不满五十克或者其他毒品数量较大的，处七年以上有期徒刑，并处罚金。

走私、贩卖、运输、制造鸦片不满二百克、海洛因或者甲基苯丙胺不满十克或者其他少量毒品的，处三年以下有期徒刑、拘役或者管制，并处罚金；情节严重的，处三年以上七年以下有期徒刑，并处罚金。

单位犯第二款、第三款、第四款罪的，对单位判处罚金，并对其直接负责的主管人员和其他直接责任人员，依照各该款的规定处罚。

利用、教唆未成年人走私、贩卖、运输、制造毒品，或者向未成年人出售

毒品的，从重处罚。

对多次走私、贩卖、运输、制造毒品，未经处理的，毒品数量累计计算。

第三百四十八条　【非法持有毒品罪】非法持有鸦片一千克以上、海洛因或者甲基苯丙胺五十克以上或者其他毒品数量大的，处七年以上有期徒刑或者无期徒刑，并处罚金；非法持有鸦片二百克以上不满一千克、海洛因或者甲基苯丙胺十克以上不满五十克或者其他毒品数量较大的，处三年以下有期徒刑、拘役或者管制，并处罚金；情节严重的，处三年以上七年以下有期徒刑，并处罚金。

第三百四十九条　【窝藏、转移、隐瞒毒品、毒赃罪】包庇走私、贩卖、运输、制造毒品的犯罪分子的，为犯罪分子窝藏、转移、隐瞒毒品或者犯罪所得的财物的，处三年以下有期徒刑、拘役或者管制；情节严重的，处三年以上十年以下有期徒刑。

【包庇毒品犯罪分子罪】缉毒人员或者其他国家机关工作人员掩护、包庇走私、贩卖、运输、制造毒品的犯罪分子的，依照前款的规定从重处罚。

犯前两款罪，事先通谋的，以走私、贩卖、运输、制造毒品罪的共犯论处。

第三百五十条　【非法生产、买卖、运输制毒物品、走私制毒物品罪】违反国家规定，非法生产、买卖、运输醋酸酐、乙醚、三氯甲烷或者其他用于制造毒品的原料、配剂，或者携带上述物品进出境，情节较重的，处三年以下有期徒刑、拘役或者管制，并处罚金；情节严重的，处三年以上七年以下有期徒刑，并处罚金；情节特别严重的，处七年以上有期徒刑，并处罚金或者没收财产。

明知他人制造毒品而为其生产、买卖、运输前款规定的物品的，以制造毒品罪的共犯论处。

单位犯前两款罪的，对单位判处罚金，并对其直接负责的主管人员和其他直接责任人员，依照前两款的规定处罚。

第三百五十一条　【非法种植毒品原植物罪】非法种植罂粟、大麻等毒品原植物的，一律强制铲除。有下列情形之一的，处五年以下有期徒刑、拘役或者管制，并处罚金：

（一）种植罂粟五百株以上不满三千株或者其他毒品原植物数量较大的；

（二）经公安机关处理后又种植的；

（三）抗拒铲除的。

非法种植罂粟三千株以上或者其他毒品原植物数量大的，处五年以上有期徒刑，并处罚金或者没收财产。

非法种植罂粟或者其他毒品原植物，在收获前自动铲除的，可以免除处罚。

第三百五十二条 【非法买卖、运输、携带、持有毒品原植物种子、幼苗罪】非法买卖、运输、携带、持有未经灭活的罂粟等毒品原植物种子或者幼苗，数量较大的，处三年以下有期徒刑、拘役或者管制，并处或者单处罚金。

第三百五十三条 【引诱、教唆、欺骗他人吸毒罪】引诱、教唆、欺骗他人吸食、注射毒品的，处三年以下有期徒刑、拘役或者管制，并处罚金；情节严重的，处三年以上七年以下有期徒刑，并处罚金。

【强迫他人吸毒罪】强迫他人吸食、注射毒品的，处三年以上十年以下有期徒刑，并处罚金。

引诱、教唆、欺骗或者强迫未成年人吸食、注射毒品的，从重处罚。

第三百五十四条 【容留他人吸毒罪】容留他人吸食、注射毒品的，处三年以下有期徒刑、拘役或者管制，并处罚金。

第三百五十五条 【非法提供麻醉药品、精神药品罪】依法从事生产、运输、管理、使用国家管制的麻醉药品、精神药品的人员，违反国家规定，向吸食、注射毒品的人提供国家规定管制的能够使人形成瘾癖的麻醉药品、精神药品的，处三年以下有期徒刑或者拘役，并处罚金；情节严重的，处三年以上七年以下有期徒刑，并处罚金。向走私、贩卖毒品的犯罪分子或者以牟利为目的，向吸食、注射毒品的人提供国家规定管制的能够使人形成瘾癖的麻醉药品、精神药品的，依照本法第三百四十七条的规定定罪处罚。

单位犯前款罪的，对单位判处罚金，并对其直接负责的主管人员和其他直接责任人员，依照前款的规定处罚。

第三百五十五条之一 【妨害兴奋剂管理罪】引诱、教唆、欺骗运动员使用兴奋剂参加国内、国际重大体育竞赛，或者明知运动员参加上述竞赛而向其提供兴奋剂，情节严重的，处三年以下有期徒刑或者拘役，并处罚金。

组织、强迫运动员使用兴奋剂参加国内、国际重大体育竞赛的，依照前款的规定从重处罚。

第三百五十六条 【毒品犯罪的再犯】因走私、贩卖、运输、制造、非法持有毒品罪被判过刑，又犯本节规定之罪的，从重处罚。

第三百五十七条 【毒品的范围及毒品数量的计算】本法所称的毒品，是指鸦片、海洛因、甲基苯丙胺（冰毒）、吗啡、大麻、可卡因以及国家规定管制的其他能够使人形成瘾癖的麻醉药品和精神药品。

毒品的数量以查证属实的走私、贩卖、运输、制造、非法持有毒品的数量计算，不以纯度折算。

附录 2

中华人民共和国禁毒法

中华人民共和国主席令第七十九号

第一章 总则

第一条 为了预防和惩治毒品违法犯罪行为，保护公民身心健康，维护社会秩序，制定本法。

第二条 本法所称毒品，是指鸦片、海洛因、甲基苯丙胺（冰毒）、吗啡、大麻、可卡因，以及国家规定管制的其他能够使人形成瘾癖的麻醉药品和精神药品。

根据医疗、教学、科研的需要，依法可以生产、经营、使用、储存、运输麻醉药品和精神药品。

第三条 禁毒是全社会的共同责任。国家机关、社会团体、企业事业单位以及其他组织和公民，应当依照本法和有关法律的规定，履行禁毒职责或者义务。

第四条 禁毒工作实行预防为主，综合治理，禁种、禁制、禁贩、禁吸并举的方针。

禁毒工作实行政府统一领导，有关部门各负其责，社会广泛参与的工作机制。

第五条 国务院设立国家禁毒委员会，负责组织、协调、指导全国的禁毒工作。

县级以上地方各级人民政府根据禁毒工作的需要，可以设立禁毒委员会，负责组织、协调、指导本行政区域内的禁毒工作。

第六条 县级以上各级人民政府应当将禁毒工作纳入国民经济和社会发展规划，并将禁毒经费列入本级财政预算。

第七条 国家鼓励对禁毒工作的社会捐赠，并依法给予税收优惠。

第八条 国家鼓励开展禁毒科学技术研究，推广先进的缉毒技术、装备和戒毒方法。

第九条　国家鼓励公民举报毒品违法犯罪行为。各级人民政府和有关部门应当对举报人予以保护，对举报有功人员以及在禁毒工作中有突出贡献的单位和个人，给予表彰和奖励。

第十条　国家鼓励志愿人员参与禁毒宣传教育和戒毒社会服务工作。地方各级人民政府应当对志愿人员进行指导、培训，并提供必要的工作条件。

第二章　禁毒宣传教育

第十一条　国家采取各种形式开展全民禁毒宣传教育，普及毒品预防知识，增强公民的禁毒意识，提高公民自觉抵制毒品的能力。

国家鼓励公民、组织开展公益性的禁毒宣传活动。

第十二条　各级人民政府应当经常组织开展多种形式的禁毒宣传教育。工会、共产主义青年团、妇女联合会应当结合各自工作对象的特点，组织开展禁毒宣传教育。

第十三条　教育行政部门、学校应当将禁毒知识纳入教育、教学内容，对学生进行禁毒宣传教育。公安机关、司法行政部门和卫生行政部门应当予以协助。

第十四条　新闻、出版、文化、广播、电影、电视等有关单位，应当有针对性地面向社会进行禁毒宣传教育。

第十五条　飞机场、火车站、长途汽车站、码头以及旅店、娱乐场所等公共场所的经营者、管理者，负责本场所的禁毒宣传教育，落实禁毒防范措施，预防毒品违法犯罪行为在本场所内发生。

第十六条　国家机关、社会团体、企业事业单位以及其他组织，应当加强对本单位人员的禁毒宣传教育。

第十七条　居民委员会、村民委员会应当协助人民政府以及公安机关等部门，加强禁毒宣传教育，落实禁毒防范措施。

第十八条　未成年人的父母或者其他监护人应当对未成年人进行毒品危害的教育，防止其吸食、注射毒品或者进行其他毒品违法犯罪活动。

第三章　毒品管制

第十九条　国家对麻醉药品药用原植物种植实行管制。禁止非法种植罂粟、古柯植物、大麻植物以及国家规定管制的可以用于提炼加工毒品的其他原植物。禁止走私或者非法买卖、运输、携带、持有未经灭活的毒品原植物种子或者幼苗。

地方各级人民政府发现非法种植毒品原植物的，应当立即采取措施予以制止、铲除。村民委员会、居民委员会发现非法种植毒品原植物的，应当及时予以制止、铲除，并向当地公安机关报告。

第二十条　国家确定的麻醉药品药用原植物种植企业，必须按照国家有关规定种植麻醉药品药用原植物。

国家确定的麻醉药品药用原植物种植企业的提取加工场所，以及国家设立的麻醉药品储存仓库，列为国家重点警戒目标。

未经许可，擅自进入国家确定的麻醉药品药用原植物种植企业的提取加工场所或者国家设立的麻醉药品储存仓库等警戒区域的，由警戒人员责令其立即离开；拒不离开的，强行带离现场。

第二十一条　国家对麻醉药品和精神药品实行管制，对麻醉药品和精神药品的实验研究、生产、经营、使用、储存、运输实行许可和查验制度。

国家对易制毒化学品的生产、经营、购买、运输实行许可制度。

禁止非法生产、买卖、运输、储存、提供、持有、使用麻醉药品、精神药品和易制毒化学品。

第二十二条　国家对麻醉药品、精神药品和易制毒化学品的进口、出口实行许可制度。国务院有关部门应当按照规定的职责，对进口、出口麻醉药品、精神药品和易制毒化学品依法进行管理。禁止走私麻醉药品、精神药品和易制毒化学品。

第二十三条　发生麻醉药品、精神药品和易制毒化学品被盗、被抢、丢失或者其他流入非法渠道的情形，案发单位应当立即采取必要的控制措施，并立即向公安机关报告，同时依照规定向有关主管部门报告。

公安机关接到报告后，或者有证据证明麻醉药品、精神药品和易制毒化学品可能流入非法渠道的，应当及时开展调查，并可以对相关单位采取必要的控制措施。药品监督管理部门、卫生行政部门以及其他有关部门应当配合公安机关开展工作。

第二十四条　禁止非法传授麻醉药品、精神药品和易制毒化学品的制造方法。公安机关接到举报或者发现非法传授麻醉药品、精神药品和易制毒化学品制造方法的，应当及时依法查处。

第二十五条　麻醉药品、精神药品和易制毒化学品管理的具体办法，由国务院规定。

第二十六条　公安机关根据查缉毒品的需要，可以在边境地区、交通要道、口岸以及飞机场、火车站、长途汽车站、码头对来往人员、物品、货物以及交通工具进行毒品和易制毒化学品检查，民航、铁路、交通部门应当予以配合。

海关应当依法加强对进出口岸的人员、物品、货物和运输工具的检查，防止走私毒品和易制毒化学品。

邮政企业应当依法加强对邮件的检查，防止邮寄毒品和非法邮寄易制毒化学品。

第二十七条　娱乐场所应当建立巡查制度，发现娱乐场所内有毒品违法犯罪活动的，应当立即向公安机关报告。

第二十八条　对依法查获的毒品，吸食、注射毒品的用具，毒品违法犯罪的非法所得及其收益，以及直接用于实施毒品违法犯罪行为的本人所有的工具、设备、资金，应当收缴，依照规定处理。

第二十九条　反洗钱行政主管部门应当依法加强对可疑毒品犯罪资金的监测。反洗钱行政主管部门和其他依法负有反洗钱监督管理职责的部门、机构发现涉嫌毒品犯罪的资金流动情况，应当及时向侦查机关报告，并配合侦查机关做好侦查、调查工作。

第三十条　国家建立健全毒品监测和禁毒信息系统，开展毒品监测和禁毒信息的收集、分析、使用、交流工作。

第四章　戒毒措施

第三十一条　国家采取各种措施帮助吸毒人员戒除毒瘾，教育和挽救吸毒人员。

吸毒成瘾人员应当进行戒毒治疗。

吸毒成瘾的认定办法，由国务院卫生行政部门、药品监督管理部门、公安部门规定。

第三十二条　公安机关可以对涉嫌吸毒的人员进行必要的检测，被检测人员应当予以配合；对拒绝接受检测的，经县级以上人民政府公安机关或者其派出机构负责人批准，可以强制检测。

公安机关应当对吸毒人员进行登记。

第三十三条　对吸毒成瘾人员，公安机关可以责令其接受社区戒毒，同时通知吸毒人员户籍所在地或者现居住地的城市街道办事处、乡镇人民政府。社区戒毒的期限为三年。

戒毒人员应当在户籍所在地接受社区戒毒；在户籍所在地以外的现居住地有固定住所的，可以在现居住地接受社区戒毒。

第三十四条　城市街道办事处、乡镇人民政府负责社区戒毒工作。城市街道办事处、乡镇人民政府可以指定有关基层组织，根据戒毒人员本人和家庭情况，与戒毒人员签订社区戒毒协议，落实有针对性的社区戒毒措施。公安机关和司法行政、卫生行政、民政等部门应当对社区戒毒工作提供指导和协助。

城市街道办事处、乡镇人民政府，以及县级人民政府劳动行政部门对无职业且缺乏就业能力的戒毒人员，应当提供必要的职业技能培训、就业指导和就业援助。

第三十五条　接受社区戒毒的戒毒人员应当遵守法律、法规，自觉履行社区戒毒协议，并根据公安机关的要求，定期接受检测。

对违反社区戒毒协议的戒毒人员，参与社区戒毒的工作人员应当进行批评、教育；对严重违反社区戒毒协议或者在社区戒毒期间又吸食、注射毒品的，应当及时向公安机关报告。

第三十六条　吸毒人员可以自行到具有戒毒治疗资质的医疗机构接受戒毒治疗。

设置戒毒医疗机构或者医疗机构从事戒毒治疗业务的，应当符合国务院卫生行政部门规定的条件，报所在地的省、自治区、直辖市人民政府卫生行政部门批准，并报同级公安机关备案。戒毒治疗应当遵守国务院卫生行政部门制定的戒毒治疗规范，接受卫生行政部门的监督检查。

戒毒治疗不得以营利为目的。戒毒治疗的药品、医疗器械和治疗方法不得做广告。戒毒治疗收取费用的，应当按照省、自治区、直辖市人民政府价格主管部门会同卫生行政部门制定的收费标准执行。

第三十七条　医疗机构根据戒毒治疗的需要，可以对接受戒毒治疗的戒毒人员进行身体和所携带物品的检查；对在治疗期间有人身危险的，可以采取必要的临时保护性约束措施。

发现接受戒毒治疗的戒毒人员在治疗期间吸食、注射毒品的，医疗机构应当及时向公安机关报告。

第三十八条　吸毒成瘾人员有下列情形之一的，由县级以上人民政府公安机关作出强制隔离戒毒的决定：

（一）拒绝接受社区戒毒的；

（二）在社区戒毒期间吸食、注射毒品的；

（三）严重违反社区戒毒协议的；

（四）经社区戒毒、强制隔离戒毒后再次吸食、注射毒品的。

对于吸毒成瘾严重，通过社区戒毒难以戒除毒瘾的人员，公安机关可以直接作出强制隔离戒毒的决定。

吸毒成瘾人员自愿接受强制隔离戒毒的，经公安机关同意，可以进入强制隔离戒毒场所戒毒。

第三十九条　怀孕或者正在哺乳自己不满一周岁婴儿的妇女吸毒成瘾的，不适用强制隔离戒毒。不满十六周岁的未成年人吸毒成瘾的，可以不适用强制隔离戒毒。

对依照前款规定不适用强制隔离戒毒的吸毒成瘾人员，依照本法规定进行社区戒毒，由负责社区戒毒工作的城市街道办事处、乡镇人民政府加强帮助、教育和监督，督促落实社区戒毒措施。

第四十条　公安机关对吸毒成瘾人员决定予以强制隔离戒毒的，应当制作强制隔离戒毒决定书，在执行强制隔离戒毒前送达被决定人，并在送达后二十四小时以内通知被决定人的家属、所在单位和户籍所在地公安派出所；被决定人不讲真实姓名、住址，身份不明的，公安机关应当自查清其身份后通知。

被决定人对公安机关作出的强制隔离戒毒决定不服的，可以依法申请行政复议或者提起行政诉讼。

第四十一条　对被决定予以强制隔离戒毒的人员，由作出决定的公安机关送强制隔离戒毒场所执行。

强制隔离戒毒场所的设置、管理体制和经费保障，由国务院规定。

第四十二条　戒毒人员进入强制隔离戒毒场所戒毒时，应当接受对其身体和所携带物品的检查。

第四十三条　强制隔离戒毒场所应当根据戒毒人员吸食、注射毒品的种类及成瘾程度等，对戒毒人员进行有针对性的生理、心理治疗和身体康复训练。

根据戒毒的需要，强制隔离戒毒场所可以组织戒毒人员参加必要的生产劳动，对戒毒人员进行职业技能培训。组织戒毒人员参加生产劳动的，应当支付劳动报酬。

第四十四条　强制隔离戒毒场所应当根据戒毒人员的性别、年龄、患病等情况，对戒毒人员实行分别管理。

强制隔离戒毒场所对有严重残疾或者疾病的戒毒人员，应当给予必要的看护和治疗；对患有传染病的戒毒人员，应当依法采取必要的隔离、治疗措施；对可能发生自伤、自残等情形的戒毒人员，可以采取相应的保护性约束措施。

强制隔离戒毒场所管理人员不得体罚、虐待或者侮辱戒毒人员。

第四十五条　强制隔离戒毒场所应当根据戒毒治疗的需要配备执业医师。强制隔离戒毒场所的执业医师具有麻醉药品和精神药品处方权的，可以按照有关技术规范对戒毒人员使用麻醉药品、精神药品。

卫生行政部门应当加强对强制隔离戒毒场所执业医师的业务指导和监督管理。

第四十六条　戒毒人员的亲属和所在单位或者就读学校的工作人员，可以按照有关规定探访戒毒人员。戒毒人员经强制隔离戒毒场所批准，可以外出探视配偶、直系亲属。

强制隔离戒毒场所管理人员应当对强制隔离戒毒场所以外的人员交给戒毒人员的物品和邮件进行检查，防止夹带毒品。在检查邮件时，应当依法保护戒毒人员的通信自由和通信秘密。

第四十七条　强制隔离戒毒的期限为二年。

执行强制隔离戒毒一年后，经诊断评估，对于戒毒情况良好的戒毒人员，强制隔离戒毒场所可以提出提前解除强制隔离戒毒的意见，报强制隔离戒毒的决定机关批准。

强制隔离戒毒期满前，经诊断评估，对于需要延长戒毒期限的戒毒人员，由强制隔离戒毒场所提出延长戒毒期限的意见，报强制隔离戒毒的决定机关批准。强制隔离戒毒的期限最长可以延长一年。

第四十八条　对于被解除强制隔离戒毒的人员，强制隔离戒毒的决定机关可以责令其接受不超过三年的社区康复。

社区康复参照本法关于社区戒毒的规定实施。

第四十九条　县级以上地方各级人民政府根据戒毒工作的需要，可以开办戒毒康复场所；对社会力量依法开办的公益性戒毒康复场所应当给予扶持，提供必要的便利和帮助。

戒毒人员可以自愿在戒毒康复场所生活、劳动。戒毒康复场所组织戒毒人员参加生产劳动的，应当参照国家劳动用工制度的规定支付劳动报酬。

第五十条　公安机关、司法行政部门对被依法拘留、逮捕、收监执行刑罚以及被依法采取强制性教育措施的吸毒人员，应当给予必要的戒毒治疗。

第五十一条　省、自治区、直辖市人民政府卫生行政部门会同公安机关、药品监督管理部门依照国家有关规定，根据巩固戒毒成果的需要和本行政区域艾滋病流行情况，可以组织开展戒毒药物维持治疗工作。

第五十二条　戒毒人员在入学、就业、享受社会保障等方面不受歧视。有关部门、组织和人员应当在入学、就业、享受社会保障等方面对戒毒人员给予必要的指导和帮助。

第五章　禁毒国际合作

第五十三条　中华人民共和国根据缔结或者参加的国际条约或者按照对等原则，开展禁毒国际合作。

第五十四条　国家禁毒委员会根据国务院授权，负责组织开展禁毒国际合作，履行国际禁毒公约义务。

第五十五条　涉及追究毒品犯罪的司法协助，由司法机关依照有关法律的规定办理。

第五十六条　国务院有关部门应当按照各自职责，加强与有关国家或者地区执法机关以及国际组织的禁毒情报信息交流，依法开展禁毒执法合作。

经国务院公安部门批准，边境地区县级以上人民政府公安机关可以与有关国家或者地区的执法机关开展执法合作。

第五十七条　通过禁毒国际合作破获毒品犯罪案件的，中华人民共和国政府可以与有关国家分享查获的非法所得、由非法所得获得的收益以及供毒品犯罪使用的财物或者财物变卖所得的款项。

第五十八条　国务院有关部门根据国务院授权，可以通过对外援助等渠道，支持有关国家实施毒品原植物替代种植、发展替代产业。

第六章　法律责任

第五十九条　有下列行为之一，构成犯罪的，依法追究刑事责任；尚不构成犯罪的，依法给予治安管理处罚：

（一）走私、贩卖、运输、制造毒品的；

（二）非法持有毒品的；

（三）非法种植毒品原植物的；

（四）非法买卖、运输、携带、持有未经灭活的毒品原植物种子或者幼苗的；

（五）非法传授麻醉药品、精神药品或者易制毒化学品制造方法的；

（六）强迫、引诱、教唆、欺骗他人吸食、注射毒品的；

（七）向他人提供毒品的。

第六十条　有下列行为之一，构成犯罪的，依法追究刑事责任；尚不构成犯罪的，依法给予治安管理处罚：

（一）包庇走私、贩卖、运输、制造毒品的犯罪分子，以及为犯罪分子窝藏、转移、隐瞒毒品或者犯罪所得财物的；

（二）在公安机关查处毒品违法犯罪活动时为违法犯罪行为人通风报信的；

（三）阻碍依法进行毒品检查的；

（四）隐藏、转移、变卖或者损毁司法机关、行政执法机关依法扣押、查封、冻结的涉及毒品违法犯罪活动的财物的。

第六十一条　容留他人吸食、注射毒品或者介绍买卖毒品，构成犯罪的，依法追究刑事责任；尚不构成犯罪的，由公安机关处十日以上十五日以下拘留，可以并处三千元以下罚款；情节较轻的，处五日以下拘留或者五百元以下罚款。

第六十二条　吸食、注射毒品的，依法给予治安管理处罚。吸毒人员主动到公安机关登记或者到有资质的医疗机构接受戒毒治疗的，不予处罚。

第六十三条　在麻醉药品、精神药品的实验研究、生产、经营、使用、储存、运输、进口、出口以及麻醉药品药用原植物种植活动中，违反国家规定，致使麻醉药品、精神药品或者麻醉药品药用原植物流入非法渠道，构成犯罪的，依法追究刑事责任；尚不构成犯罪的，依照有关法律、行政法规的规定给予处罚。

第六十四条　在易制毒化学品的生产、经营、购买、运输或者进口、出口活动中，违反国家规定，致使易制毒化学品流入非法渠道，构成犯罪的，依法追究刑事责任；尚不构成犯罪的，依照有关法律、行政法规的规定给予处罚。

第六十五条　娱乐场所及其从业人员实施毒品违法犯罪行为，或者为进入娱乐场所的人员实施毒品违法犯罪行为提供条件，构成犯罪的，依法追究刑事责任；尚不构成犯罪的，依照有关法律、行政法规的规定给予处罚。

娱乐场所经营管理人员明知场所内发生聚众吸食、注射毒品或者贩毒活动，不向公安机关报告的，依照前款的规定给予处罚。

第六十六条　未经批准，擅自从事戒毒治疗业务的，由卫生行政部门责令停止违法业务活动，没收违法所得和使用的药品、医疗器械等物品；构成犯罪的，依法追究刑事责任。

第六十七条　戒毒医疗机构发现接受戒毒治疗的戒毒人员在治疗期间吸食、注射毒品，不向公安机关报告的，由卫生行政部门责令改正；情节严重的，责令停业整顿。

第六十八条　强制隔离戒毒场所、医疗机构、医师违反规定使用麻醉药品、精神药品，构成犯罪的，依法追究刑事责任；尚不构成犯罪的，依照有关法律、行政法规的规定给予处罚。

第六十九条　公安机关、司法行政部门或者其他有关主管部门的工作人员在禁毒工作中有下列行为之一，构成犯罪的，依法追究刑事责任；尚不构成犯罪的，依法给予处分：

（一）包庇、纵容毒品违法犯罪人员的；

（二）对戒毒人员有体罚、虐待、侮辱等行为的；

（三）挪用、截留、克扣禁毒经费的；

（四）擅自处分查获的毒品和扣押、查封、冻结的涉及毒品违法犯罪活动的财物的。

第七十条　有关单位及其工作人员在入学、就业、享受社会保障等方面歧视戒毒人员的，由教育行政部门、劳动行政部门责令改正；给当事人造成损失的，依法承担赔偿责任。

第七章　附则

第七十一条　本法自 2008 年 6 月 1 日起施行。《全国人民代表大会常务委员会关于禁毒的决定》同时废止。

附录 3

国家禁毒委员会关于加强新时代全民禁毒宣传教育工作的指导意见

禁毒委发〔2019〕1 号

为认真贯彻党的十九大精神，全面落实《中共中央　国务院关于加强禁毒工作的意见》，加强新时代全民禁毒宣传教育工作，建立完善全覆盖毒品预防教育体系，在全社会形成自觉抵制毒品的浓厚氛围，最大限度减少毒品社会危害，依据《中华人民共和国禁毒法》等有关法律法规，特提出如下意见。

一、深刻认识加强新时代全民禁毒宣传教育的重要意义

1. 禁毒宣传教育工作取得明显成效。党的十八大以来，以习近平同志为核心的党中央高度重视禁毒工作，习近平总书记多次作出重要批示指示，就加强禁毒宣传教育工作提出明确要求。各地区、各有关部门认真贯彻习近平总书记重要指示精神，全面落实党中央、国务院决策部署，推动禁毒工作取得重要阶段性成效。坚持把禁毒宣传教育置于禁毒工作优先发展的战略位置，全面实施《关于深化全民禁毒宣传教育工作的指导意见》，不断建立完善禁毒宣传教育体系，深入推进青少年毒品预防教育“6・27”工程，人民群众识毒、拒毒、防毒意识和能力普遍增强，吸毒人员滋生速度持续减缓，毒品滥用规模得到有效控制，为减少毒品需求、推进毒品治理发挥了关键作用，为预防毒品违法犯罪、保护人民身心健康、维护社会治安稳定做出了重要贡献。

2. 当前国际国内毒品形势依然严峻复杂。当前，国际毒潮持续泛滥，全球

制造、走私、贩运、滥用毒品问题更加突出，毒品来源、种类和吸毒人数持续扩大。同时，国际禁毒立场趋于分化，一些国家和地区主张放松毒品管制，甚至推动毒品“合法化”，进一步加大了全球毒品治理的复杂程度。受国际国内多种因素影响，我国毒品形势依然严峻、复杂，境外毒品向我渗透不断加剧，国内制贩毒犯罪活动突出活跃，合成毒品滥用问题发展较快，新类型毒品不断出现，形成了传统毒品、合成毒品和新精神活性物质三代毒品交叉滥用的局面。毒品不仅严重侵害人的身心健康、销蚀人的意志、破坏家庭幸福，而且严重消耗社会财富、毒化社会风气、污染生态环境，诱发抢劫盗窃、肇事肇祸等违法犯罪活动，严重影响社会和谐稳定、危害国家安全。各地区、各有关部门要清醒认识当前禁毒斗争面临的严峻形势，提升政治站位，强化责任担当，着力构建“六全”中国特色毒品治理体系，努力开创新时代禁毒工作新局面。

3. 做好新时代全民禁毒宣传教育工作意义重大。深入开展禁毒斗争，有效治理毒品问题，必须坚持关口前移、预防为先，从根本上遏制吸毒人员滋生，从源头上减少毒品需求。加强禁毒宣传教育，是我国禁毒工作的一项基本方针，也是禁毒斗争长期实践经验的总结，是解决毒品问题的治本之策和重要根基。面对国际国内严峻的毒品形势，只有把预防宣传教育作为禁毒工作的第一道防线和关键环节抓实做好，教育广大人民群众清楚地辨识毒品，清晰地了解毒品危害，清醒地拒绝毒品诱惑，坚定理想信念，坚守道德观念，才能有效抵御毒品侵蚀，保障人民身心健康。只有通过传播禁毒知识、弘扬禁毒精神，在全社会形成“珍爱生命、远离毒品”“健康人生、绿色无毒”的共识，凝聚人民群众力量，自觉参与禁毒斗争，才能形成整体合力，推动毒品问题有效治理。各地区、各有关部门要站在事关国家安危、民族兴衰、人民福祉的高度，积极推动禁毒宣传教育在新的历史起点上科学发展，持续发力、精准施策，为打赢新时代禁毒人民战争奠定坚实基础。

二、准确把握新时代全民禁毒宣传教育工作的总体要求

4. 新时代全民禁毒宣传教育工作的指导思想。以习近平新时代中国特色社

会主义思想为指导，全面贯彻党的十九大和十九届二中、三中全会精神，深入贯彻落实习近平总书记关于禁毒工作系列重要指示精神，认真落实党中央、国务院决策部署，牢固树立并贯彻总体国家安全观，紧紧围绕为决胜全面建成小康社会营造和谐稳定社会环境的总目标，牢牢把握不断增强人民群众获得感、幸福感、安全感的总要求，全面落实禁毒宣传教育工作责任，积极适应新时代禁毒宣传教育发展规律要求，着力构建全覆盖的全民禁毒宣传教育体系，广泛深入开展全民毒品预防教育活动，不断增强人民群众禁毒意识和自觉抵制毒品能力，最大限度减少毒品需求，努力实现禁毒斗争形势持续好转，为维护社会和谐稳定、保障人民安居乐业作出积极贡献。

5. 新时代全民禁毒宣传教育工作的基本原则。

——坚持党的领导。坚持以习近平新时代中国特色社会主义思想统领禁毒宣传教育工作，进一步增强“四个意识”、坚定“四个自信”，坚持党对禁毒宣传教育工作的全面领导，切实将禁毒宣传教育纳入党和国家禁毒工作、宣传思想工作、教育工作全局来统筹规划，确保禁毒宣传教育工作始终保持正确的政治方向。

——坚持预防为先。坚持把宣传教育置于禁毒工作基础性、战略性、全局性的战略位置，在组织领导、发展规划、投入保障等方面建立健全禁毒宣传教育优先发展的体制机制。坚持源头防范、未雨绸缪，把禁毒宣传教育的重点放在提前介入、主动预防上，最大限度防范人民群众涉毒风险。

——坚持以人为本。坚持以人民为中心发展禁毒宣传教育，把禁毒宣传教育与公民思想道德教育、文化知识教育、社会实践教育相结合，贯穿公民基础教育、职业教育、高等教育各领域，覆盖公民成长全过程，融入社会发展各方面，面向全民开展通俗易懂、情理结合、入心入脑、陶冶情操、启迪心灵的禁毒宣传教育，激励禁毒工作者和人民群众积极投身新时代禁毒人民战争。

——坚持科学创新。积极主动适应新时代媒体格局、舆论生态、受众对象、传播载体的新特点、新变化，准确把握宣传、教育和禁毒工作发展规律，强化互联网思维和一体化发展理念，不断推进禁毒宣传教育的理念思路、内容形式、方法手段改革创新，提高传播力、引导力和影响力，增强时代性、科学性和实效性。

——坚持统筹推进。充分发挥我国的政治优势和制度优势，推动国家机关、社会团体、企事业单位及其他组织积极主动履行禁毒宣传教育法定职责，发展壮大禁毒群众组织和志愿者队伍，优化资源配置，形成党委和政府统一领导、有关部门齐抓共管、社会各界和人民群众广泛参与的禁毒宣传教育工作格局。

6.新时代全民禁毒宣传教育工作的目标任务。全覆盖禁毒宣传教育体系健全完善，禁毒宣传教育内容方式丰富多样，基础设施规范完备，专兼职工作队伍普遍建立，工作责任全面落实，评估考核办法科学有效，保障激励机制健全有力，全民禁毒意识显著增强，“健康人生、绿色无毒”理念深入人心，全社会参与禁毒氛围更加浓厚，禁毒宣传教育工作在减少毒品需求、遏制吸毒人员滋生、降低毒品社会危害方面发挥更加重要的作用。到2023年，全民禁毒知识知晓率大幅上升，群众举报毒品犯罪线索大幅上升，新滋生吸毒人数大幅下降，毒品滥用规模增幅大幅下降，人民群众对禁毒宣传教育工作满意率达到90%以上，未成年人涉毒违法犯罪人数占涉毒违法犯罪总人数比例不超过0.2%。

三、筑牢面向全民的禁毒宣传教育体系

7.加强全民禁毒普及宣传教育。以宣传教育全民识毒、发动组织全民禁毒为中心，广泛开展覆盖全社会各领域的禁毒宣传教育，讲好禁毒故事，传播禁毒知识，弘扬禁毒精神，推动全社会充分认识我国毒品形势、毒品滥用危害、毒品制造贩运方式，增强全民自觉抵制毒品的能力，提高全民主动参与禁毒的意识。全面推动禁毒宣传教育进学校、进单位、进家庭、进场所、进社区、进农村，消除禁毒宣传教育盲区，努力让毒品渗透无可乘之机、毒品犯罪无立锥之地。

8.加强青少年禁毒宣传教育。深入开展全国青少年毒品预防教育“6·27”工程，落实《中小学生毒品预防专题教育大纲》《中等职业学校德育大纲（2014修订）》，把毒品预防教育融入各级各类学校德育、法治、安全教育，巩固教学计划、大纲、师资、课时、教材“五落实”。根据不同地区特点，遵循学生认知规律，有针对性地开展毒品预防教育。着力加强普通高校、职业院校毒品预防教育工作，扶持

校园禁毒社团和志愿者队伍建设。持续培育全国青少年毒品预防教育“6·27”工程示范学校、优秀教师和校外辅导员。全面推进全国青少年毒品预防教育数字化平台的建设应用，不断丰富禁毒教育内容，拓展禁毒教育资源，创新禁毒教育手段，完善禁毒教育管理，推动全国学校毒品预防教育制度化、均衡化、科学化发展。

9. 加强涉毒高危重点人群禁毒宣传教育。紧紧抓住失学辍学青少年、农村留守儿童、社会闲散人员、外出务工人员、社区矫正人员等易涉毒高危群体和涉毒人员，依托网格化管理，利用信息化手段，有针对性开展动态化、个性化的毒品预防教育。强化家庭和社区职能作用，深化“不让毒品进我家”“社区青少年远离毒品”等活动，推动面向重点人群的精准化禁毒宣传教育入户到人。结合文化科技卫生“三下乡”“法律进乡村”等活动，集中开展农村禁毒宣传教育，推动禁毒知识进乡村，提高农民禁毒法治观念。面向公共服务场所、易涉毒重点场所、强制隔离戒毒所等涉毒人员集中场所，全面推动禁毒宣传教育进场所，深化“禁毒流动课堂”等活动。建立完善青少年涉毒问题日常监测处置制度，做好涉毒青少年帮教保护工作。做好有吸贩毒等涉毒行为人员的再宣传、再教育、再帮扶，实现法律约束、道德引领、亲情感化相融合，引导其正确回归社会、健康生活。

10. 加强干部职工禁毒宣传教育。落实国家党政机关、企事业单位、社会团体的禁毒宣传教育法定职责，把禁毒宣传教育纳入干部教育培训总体规划，列入党校、干部学院的干部培训内容，不断加强对国家工作人员的禁毒政策知识宣传教育，发挥国家工作人员模范带头作用，严防出现涉毒问题，自觉参与开展禁毒工作。坚持开展全国职工禁毒宣传月活动，推进禁毒宣传教育纳入全国职工素质建设工程，列入职工教育培训相关内容，实现职工禁毒宣传教育常态化、制度化。

四、创建丰富多彩的全民禁毒宣传教育模式

11. 善于用好大众传播宣传教育手段。健全禁毒新闻发布和毒情发布机制，定期召开禁毒新闻发布会、发布禁毒白皮书、出版禁毒工作报告、公开奖励群众举报涉毒违法犯罪。研究禁毒新闻宣传工作规律特点，充分用好报刊、图书、广

播、电视、电影、网络等大众传播手段，广泛开展禁毒采访报道活动，加大主渠道、常态化禁毒宣传教育力度，形成全方位、多角度、高频率、广覆盖的禁毒新闻宣传格局。大力支持禁毒专业媒体、专栏、专刊、广播电视专题节目的建设发展，打造高水平的禁毒宣传教育阵地。按照依法办理、舆论引导、社会面管控“三同步”要求，完善禁毒舆情监测、处置机制，确保禁毒工作正确舆论导向。

12. 善于创新运用新兴传播宣传教育手段。主动适应新时代信息传播形势发展变化，创新运用符合互联网以及融媒体分众传播、差异传播、互动传播规律特点的新手段，积极借助网络媒体、即时通讯服务程序、社交网站等平台，充分应用短视频、网络直播等新兴形式，提升禁毒宣传教育的传播力、感染力和影响力。注重基于数据挖掘的禁毒新闻传播，推送个性化、靶向式的禁毒教育资讯，不断优化禁毒宣传教育效果。

13. 善于抓住重要节点集中禁毒宣传教育。充分利用“6·1”禁毒法实施纪念日、“6·3”虎门销烟纪念日、“6·26”国际禁毒日等禁毒宣传节点，组织开展“全民禁毒宣传月”等禁毒集中宣传教育活动。推动将禁毒教育内容融入“3·8”妇女节、“5·12”护士节、“8·8”全民健身日、“12·1”世界艾滋病日、“12·4”国家宪法日、“12·5”国际志愿者日等专题宣传，借助社会资源，产生叠加效应。健全完善禁毒重大主题宣传的部门协作联动机制，围绕禁毒重大活动、事件和案件及时联动宣传，经常性集中传递禁毒声音，不断形成社会关注热点。

14. 善于开展群众喜闻乐见的禁毒宣传教育活动。组织与球类比赛、马拉松比赛、全民健身运动等大型群众性体育活动相结合的禁毒宣传教育活动，打造以禁毒为主题的体育活动品牌项目。结合惠民文艺演出、广播电视村村通、农村电影放映、农民书屋、职工书屋等文化惠民工程，指导支持各级文艺团体、民间剧团、业余演出队、个体放映队等创作禁毒文化节目，为基层社区、农村提供丰富的禁毒文化产品。持续开展上下联动、影响力大、辐射性强的禁毒知识竞赛、禁毒辩论赛、禁毒微视频摄影比赛等全国性大型禁毒宣传教育活动，鼓励打造地方性禁毒宣传教育活动品牌。

五、形成多方位融合推进全民禁毒宣传教育的生动局面

15. 融合生态文明建设促进禁毒宣传教育。坚持将禁毒宣传教育与国家生态文明建设有机结合，从环境保护、社会发展、生活幸福的角度，向广大人民群众说清讲明毒品泛滥对生态文明的影响，引导人民群众践行“健康人生、绿色无毒”生活理念。强化对制毒犯罪活动污染环境、危害人民生命安全的宣传，引导教育人民群众重视毒害治理，发现、举报制毒窝点。加强易制毒化学品和麻醉药品、精神药品管制工作宣传，引导人民群众对相关购买、运输、制造活动保持警惕，及时发现、举报不法行为，阻止制贩毒活动，遏制毒品对生态文明的破坏。

16. 融合乡村振兴战略促进禁毒宣传教育。坚持将禁毒宣传教育与国家乡村振兴战略宣传有机结合，引导教育广大干部群众认清毒品问题对新时代农村建设发展的严重危害，筑牢农民群众识毒防毒拒毒的思想防线。结合农村客观毒品形势和实际禁毒工作需求，善于利用农村务工人员集中进城返乡、群众探亲团聚、农耕农闲等时机，以凝聚乡情、亲情、感情的方式，送禁毒知识理念到乡到户到人，推进农村禁毒宣传教育全覆盖，宣传禁种、禁制、禁贩、禁吸知识和理念，严防毒品问题在农村滋生蔓延。

17. 融合脱贫攻坚促进禁毒宣传教育。坚持将禁毒宣传教育与脱贫攻坚宣传有机结合，加大贫困地区禁毒宣传教育工作力度，加强对贫困地区的禁毒宣传教育工作人员、经费、资料、基础设施建设投入，遏制贫困地区新涉毒人员滋生，有效预防因毒致贫。大力加强涉毒贫困人口排查、教育、戒治、帮扶，帮助涉毒人口戒除毒瘾、远离毒品、摆脱贫困。强化禁毒扶贫宣传引导，广泛宣传禁毒扶贫重要意义，及时总结禁毒扶贫典型经验，大力展示禁毒脱贫工作成效，积极动员社会力量参与禁毒扶贫，以点带面整体推动禁毒脱贫工作。

18. 融合“一带一路”倡议促进禁毒宣传教育。坚持与国际社会特别是“一带一路”沿线国家在毒品预防教育领域加强交流与合作，借鉴国际先进工作理念和经验，提高我国毒品预防教育国际化水平。向国际社会大力宣传中国禁毒政策，传播治理毒品问题的“中国方案”，输出中国特色毒品问题治理之路的文化理念，

让国际社会更多地感受到中国新时代禁毒工作的新发展、新成果，全面提升中国在国际禁毒领域的影响力和竞争力。

19. 融合中华优秀文化传承促进禁毒宣传教育。坚持将禁毒宣传教育与中华优秀文化传承有机结合，提炼、传播优秀传统文化中具有当代价值、禁毒意义的思想观念、人文精神、道德规范，用深厚自信的中华文化底蕴吸引人、感染人，教育和引导人民群众树立正确的人生观、价值观，远离毒品，健康生活。大力支持利用传统文化艺术形式开展禁毒文化传播，创新展现我国禁毒史实、事件、民俗、家风家训等文化传承，在弘扬中华优秀传统文化主旋律中推崇“健康人生、绿色无毒”的禁毒理念。

20. 融合弘扬时代精神促进禁毒宣传教育。坚持将禁毒宣传教育与弘扬时代精神有机结合，大力培育、宣传新时代禁毒工作中涌现出的先进集体和先进个人，推出各类禁毒典型，组织新闻媒体广泛深入宣传报道，讴歌禁毒英雄，弘扬禁毒精神，创造禁毒活力。通过日常宣传报道缉毒民警、戒毒民警、禁毒社工、禁毒志愿者、禁毒爱心人士等禁毒工作者的感人事迹、奉献精神，鼓励人民群众积极关心、支持、参与禁毒斗争。将禁毒宣传教育与平安创建、模范创建等创建活动相结合，使创建活动成为禁毒宣传教育的有力载体，培育绿色无毒的文明新风。

六、持续增强全民禁毒宣传教育推动力

21. 切实加强组织领导。地方各级党委和政府对全民禁毒宣传教育工作负总责，完善禁毒部门牵头、党委宣传部门协助、有关部门齐抓共管、社会各界和人民群众广泛参与的全民禁毒宣传教育工作体系。严格落实禁毒宣传教育工作责任制，强化责任追究，对群众禁毒知识知晓率不高、毒品滥用群体持续扩大、新滋生吸毒人员快速增长、涉毒舆情频发的地区，坚决倒查工作落实情况，对工作不重视、责任不落实、措施不得力的，严肃追究相关领导和责任人的责任。

22. 切实推动部门履职。严格落实国家禁毒委员会成员单位禁毒责任制度，明确相关职能部门禁毒宣传教育职责任务，完善专门工作机制，加强监督考核，形成禁毒宣传教育工作合力。党委宣传部门要将禁毒工作纳入年度宣传重点工作

计划，配合禁毒部门做好禁毒委员会禁毒宣传教育工作小组工作，引导禁毒文化宣传和文艺创作，树立和宣传禁毒工作先进典型，协调指导各级各类媒体开展形式多样的禁毒宣传。精神文明建设工作部门要将禁毒宣传教育作为群众性精神文明创建的重要内容，作为评选文明城市的重要条件。教育部门要落实学生毒品预防专题教育职责任务，指导创建毒品预防教育示范学校，推进青少年毒品预防教育数字化平台运用，做好学校学生涉毒问题处置。民政部门要配合开展禁毒社会工作者队伍、志愿者队伍建设，指导基层群众性自治组织加大禁毒宣传教育力度。司法行政部门要将禁毒法治宣传教育作为全民普法的重要任务，指导各地方、行业、监狱和戒毒所等基层单位做好禁毒法治宣传教育工作。文化和旅游部门要依法加强涉毒演艺人员参加演出管理，推进娱乐服务场所毒品预防工作，支持创作优秀禁毒文化作品。广播电视部门要支持禁毒广播影视作品创作播出和禁毒公益演出，将禁毒题材影视纳入重点影视题材规划范畴，加大对禁毒纪录片、科教片、影视作品扶持资助力度。工会、共青团、妇联等单位要利用健全的组织网络，以“职工之家”“妇女之家”等工作阵地为依托，在职工、青少年和妇女中广泛开展禁毒宣传教育，加强职工、青年和巾帼禁毒志愿服务组织体系和工作机制建设。法院、检察院、公安、海关、卫生健康、网信、科技、工业和信息化、人力资源社会保障、交通运输、农业农村、商务、市场监管、林草、民航、邮政、扶贫、铁路等单位要充分发挥本单位资源优势，结合单位相关工作和特色活动，融入毒品预防教育内容，推动禁毒宣传教育进单位、进社区、进场所、进农村。

七、大力加强全民禁毒宣传教育专兼职队伍建设

23. 强化专业队伍建设。各级禁毒部门要加强禁毒宣传教育工作专业队伍建设，打造一支政治过硬、本领高强、求实创新、人民满意的禁毒宣传教育队伍。坚持正确的政治方向，强化纪律作风建设，注重调查研究，积极学习新知识、熟悉新领域、开拓新视野、掌握新技能，在禁毒宣传教育的基础性、战略性工作上下功夫，在工作质量和水平上下功夫，不断增强禁毒宣传教育工作者的脚力、眼力、脑力、笔力。

24. 强化师资队伍建设。加强毒品预防教育专兼职教师、法制副校长、校外禁毒辅导员、禁毒专家库等禁毒师资建设。把毒品预防教育列入教师继续教育内容、学校心理健康教育教师培训计划，加大教师培训中毒品预防教育内容比重，培育善教育、懂禁毒、能担当的禁毒师资骨干队伍。发挥“农村中小学现代远程教育工程”、全国教师教育网络联盟等作用，提高中小学班主任、高校辅导员等开展毒品预防教育的能力。积极选送中小学毒品预防教育骨干教师参加教育部组织开展的年度“中小学骨干班主任教师培训”等各类教师培训，加大对农村学校禁毒师资的支持，提高禁毒教学能力水平。

25. 强化社会队伍建设。加强禁毒志愿者队伍建设，健全禁毒志愿服务组织体系和工作机制，根据禁毒宣传教育工作需要设计服务项目，依托禁毒教育基地对志愿者开展禁毒知识和技能培训，推动禁毒志愿服务经常化、规范化。通过政府购买服务、公益岗位等多种形式，鼓励和支持禁毒社工、专干、禁毒协会组织和禁毒志愿者等各类社会化力量投入禁毒宣传教育。扶持校园禁毒社团建设，不断壮大全国高校禁毒公益联盟，通过青少年禁毒防艾宣传教育等项目，聚合青年学生的禁毒人力、智力资源。

八、不断夯实全民禁毒宣传教育基础保障

26. 健全经费保障机制。各级政府要将禁毒宣传教育经费作为禁毒经费重要组成部分列入财政预算，并随经济社会发展逐步动态增加。加强禁毒宣传教育经费管理，确保专款专用，提高资金使用效率。各级禁毒委员会成员单位要在本部门、本系统经费中足额保障禁毒宣传教育工作经费。结合精准扶贫攻坚战，加大对贫困地区禁毒宣传教育经费的定向投入支持。

27. 加强禁毒宣传教育基地建设。落实《禁毒宣传教育基地建设标准》，推进国家、省、市、县四级禁毒宣传教育基地建设，形成适应时代需求、建设规范、布局合理、规模适当、适度集中的禁毒宣传教育基地和阵地网络。推动建立禁毒宣传教育基地与中小学生社会实践基地、教育师资培养基地等社会资源的合作发展机制，实现毒品预防教育与道德养成、品格锻炼、健康安全等实践教育内容相

融合。运用移动互联网、3D虚拟现实、人工智能等技术手段，提供实践性、互动式的教育内容以及现代、新颖的体验环境，提升基地禁毒宣传教育的吸引力和实效性。

28. 不断开发制作禁毒宣传教育资料。加强禁毒宣传教育基础理论研究，加大研究课题立项和资金支持力度，提升禁毒宣传教育工作的科学性和前瞻性。加强禁毒宣传教育的多学科融合研究，积极开发、更新科学实用的毒品预防专题教育课件、教材、读本、视频、游戏、动漫等素材资料。创新微课理念，制作多学科融合、短小精悍、易于传播的禁毒宣传教育微课程。依托全国青少年毒品预防教育数字化平台，建立科学评比遴选机制，鼓励各地开发制作各类禁毒宣传教育资料，推送全国共享共用。

29. 科学评估禁毒宣传教育效果。结合《国际毒品预防教育标准》以及基于实证的禁毒宣传教育工作理念和经验，制定全民禁毒宣传教育工作评价标准，借助统计部门、社会研究咨询机构等第三方力量，定期开展全民禁毒宣传教育社会效果评估，力求科学、客观、公正地评价工作成效，推动禁毒宣传教育持续、健康、科学发展。

附录 4

全国青少年毒品预防教育规划（2016—2018）

禁毒办发〔2015〕1 号

为保护和促进青少年健康成长，遏制和减少新吸毒人员滋生，尽快扭转涉毒人群快速增长的势头，根据《禁毒法》《中共中央　国务院关于加强禁毒工作的意见》（中发〔2014〕6 号），制定本规划。

一、指导思想

以党的十八大和十八届三中、四中全会精神为指导，认真贯彻落实《禁毒法》和《中共中央　国务院关于加强禁毒工作的意见》，按照习近平总书记等中央领导同志对禁毒工作的一系列重要指示要求，根据青少年生理和心理特点，遵循和把握教育规律，以校园为重要阵地，发动社会各方共同参与，有效净化青少年成长的社会环境，通过禁毒知识的普及、青少年抵御毒品能力的增强，实现青少年毒品预防教育与科学文化教育、思想道德教育、生命健康教育和法治教育的有机融合，进一步降低毒品的社会危害，为平安中国、法治中国建设做出新的贡献。

二、总体目标

本规划以 10 岁至 25 岁青少年为重点，力争通过三年努力，构建完善的青少年毒品预防教育工作体系，形成分工明确、协作有效、监督到位、评估科学的工作机制；青少年毒品预防教育方式更加新颖、方法更加多样，师资力量配置齐全，教育基地布局合理，宣传资料规范充实，禁毒社会氛围更加浓厚；青少年识毒、拒毒、防毒意识和能力明显增强，18 岁以下未成年人涉毒违法犯罪人数占涉毒违法犯罪总人数比例不高于 0.3%，人民群众对青少年毒品预防教育工作满意率达到 95% 以上，新滋生吸毒人数大幅减少，毒品问题综合治理取得阶段性成效。

三、任务要求

（一）提升学校毒品预防教育工作水平

1. 落实毒品预防专题教育课时。小学五年级至高中二年级每学年至少安排 1 课时毒品预防教育专题课程。毒情严重地区学校，要在 2016 年秋季开学前将毒品预防教育纳入常规课程，每学年至少安排 2 课时的毒品预防教育专题课程。要将禁毒元素有机融入语文、历史、化学、生物、思想品德等课程，发挥渗透教学作用。中等职业学校和高等院校要在新生入学后和毕业生毕业前各开展一次毒品预防教育。

2. 建立毒品预防教育师资队伍。教育部门要把毒品预防教育列入教师培训内容，依托高等院校和科研机构建立毒品预防教育师资培养基地，师范院校要通过开设相关课程、邀请专家举办讲座等多种形式，提高师范生毒品预防教育意识和能力。要加强学校毒品预防教育兼职老师、法制副校长队伍建设，毒情严重地区每个学校至少配备一名校外禁毒辅导员。

3. 丰富学校毒品预防教育资料。2015 年 9 月底前，国家禁毒委员会办公室、教育部将制作小学、初中、高中和中等职业学校毒品预防教育专题片和优秀禁毒课件，在国家禁毒委员会办公室和教育部网站推出，供各地下载。省级、地市级教育和禁毒部门要结合本地区毒品问题特点，在 2016 年秋季开学前，将毒品预防教育内容纳入地方课程教材中。

（二）实现各类青少年群体毒品预防教育全覆盖

4. 将就业青年毒品预防教育列入职业培训范围。各级工会组织要充分依托各类工会宣传文化活动阵地，以“职工拒绝毒品‘零计划’”活动为中心，以青年职工为重点，突出禁毒宣传教育工作内容，多途径、多渠道开展禁毒宣传教育活动，提高广大职工拒绝毒品、珍惜健康、尊重生命的意识和识毒、拒毒、防毒的能力。要指导企业把毒品预防教育列入职工入职教育和在职培训内容，作为企业对职工日常教育管理的基本要求。

5. 落实城市社区青少年毒品预防教育责任。各级共青团组织要会同公安、禁毒、民政等部门，将处于失学、失业、失管状态的城市社区青少年纳入网格化管理，依托青少年事务社会工作专业队伍等社会力量，为他们提供就业帮助、心理咨询和毒品预防教育服务，防止其游离于社会管理边缘，误入毒品歧途。要在由团中央牵头起草的《关于进一步深化预防青少年违法犯罪工作意见》中对青少年毒品预防教育工作提出指导意见。

6. 关注农村留守儿童和外出务工青年毒品预防教育。禁毒部门要把辍学、失学的留守儿童和外出务工青年毒品预防教育作为农村禁毒工作的重点，将毒品预防教育与打击外流贩毒、社会治安综合治理、发展地方经济等结合起来，提高农村青少年和外出务工人员的禁毒意识，彻底改变因贫涉毒、因毒致乱的局面，将毒品预防教育纳入农村社区建设试点任务。

（三）拓展应用毒品预防教育社会资源

7. 建设禁毒教育基地、园地。要以青少年为主要服务人群，逐步建成中央和省级、地市级、县级四级禁毒教育基地。2016 年年底前，要建立 1 所国家级、32 所省级禁毒教育基地；2017 年年底前，全国 300 万人口以上大城市各建 1 所禁毒教育基地；2018 年年底前，毒情严重、登记吸毒人员超过 5000 人的地市州和超过 1000 人的重点县市均要建立禁毒教育基地。各地禁毒、科技、文化部门要利用科技馆、文化宫、少年宫、会展中心等人流集中的场馆，建设禁毒教育园地。街道、乡镇要因地制宜，利用社区文化中心（站）、宣传栏等建立小型禁毒教育园地。鼓励各级各类学校建立禁毒宣传教育橱窗、长廊。

8. 建立网上禁毒展览馆。根据青少年多以互联网和新媒体为获取信息渠道的特点，2016 年年底前，国家禁毒委员会办公室要升级改造“中国禁毒数字展览馆”，实现实时参观、互动和测评。2016 年上半年，国家禁毒委员会办公室将完善中国禁毒微信、禁毒政务微博和中国禁毒手机报功能，发布禁毒消息、线上咨询答疑、接受群众举报。国家禁毒委员会办公室、中宣部、中央网信办、教育部、国家新闻出版广电总局、共青团中央等要支持禁毒部门、教育部门开展网上禁毒知识竞赛、禁毒微电影征集、网络征文、禁毒 H5 游戏等活动。

9. 开展禁毒直观教育。各级各类学校每年要组织青少年学生就近参观禁毒教育基地（展览馆、园地、戒毒场所）。各级禁毒部门要通过流动宣传车，开展流动禁毒宣传。禁毒、教育部门要通过组织戒毒康复人员、优秀禁毒工作者进学校现身说法、以案说法等形式，提高禁毒宣传教育的效果。

10. 组织禁毒社会实践和志愿服务活动。共青团组织、禁毒部门要利用寒假、暑假，组织开展禁毒夏令营、冬令营以及“禁毒志愿者进家庭、进社区、进农村”等禁毒社会实践活动，讲解禁毒政策，传播禁毒知识。要加强青年禁毒志愿服务项目建设，广泛征集有创意、易操作、可复制的优秀项目，积极推广。要把毒品预防教育纳入全国大中专学生志愿者暑期文化科技卫生“三下乡”社会实践活动。

11. 重视家庭禁毒宣传教育。妇联组织要以“平安家庭”创建为依托，深入开展“无毒家庭”创建工作，深化“不让毒品进我家”活动。要利用“妇女之家”“家长学校”等阵地，组织家长和青少年参加毒品预防教育群众性活动。要树立一批以青少年毒品预防教育为主的家庭和妇女典范。

12. 营造浓厚的禁毒舆论氛围。禁毒部门、党委宣传和新闻出版广电部门要充分利用报刊、期刊、广播电台、电视台以及重点新闻网站宣传禁毒工作，建立工作机制。要组织记者深入禁毒一线实地报道，加强对新闻采编人员和相关编创人员的专业培训，增强禁毒宣传的感染力、传播力。要组织禁毒公益广告比赛，征集优秀作品，扩大宣传效果。中央和各级电视台、广播电台、相关报纸和期刊、网络媒体及其微博、微信等移动客户端，每年要刊播一批优秀禁毒公益广告。火车、飞机、长途汽车、机场、码头、城市繁华街道和中心广场、公共娱乐服务场所要利用各种公共平台定期推出禁毒公益宣传。各级文化部门要积极鼓励和支持禁毒文艺作品创作和演出，加强公共娱乐服务场所从业人员毒品预防教育。2018 年年底前，所有营业性公共娱乐服务场所都应有固定的禁毒警示语和点歌屏保禁毒提示影像。

（四）完善青少年涉毒问题监测处理机制

13. 建立青少年涉毒问题日常监测制度。禁毒部门要联合教育部门认真开展在校学生吸毒监测工作，2016 年秋季开学前，摸清在校学生涉毒人数、原因以及帮教跟踪措施上报国家禁毒委员会办公室和教育部。

14. 制定学生涉毒事件处置预案。2016 年秋季开学前，各级禁毒、教育部门要出台《青少年涉毒问题处置意见》，对于首次吸毒或被引诱、欺骗而吸毒的学生，要按照《禁毒法》《未成年人保护法》等法律法规，坚持教育挽救为主。

15. 做好涉毒青少年帮教保护工作。2016 年秋季开学前，各级教育、禁毒部门要建立涉毒青少年心理干预和帮教服务团队，对涉毒青少年提供一对一心理服务。禁毒部门要建立涉毒青少年数据库，实行分类管理、另库存放，未经公安机关或禁毒部门批准，任何单位和个人不得擅自查询和使用。

（五）加强青少年毒品预防教育工作保障

16. 健全青少年毒品预防教育工作队伍。省级禁毒委员会办公室专门从事毒品预防教育工作的在编人员不得少于本部门在编总人数的 15%，地市和县级禁毒委员会办公室应配备毒品预防教育专职人员。各级教育部门和其他相关单位要明确毒品预防教育主管机构，确定负责人员。2016 年年底前，国家禁毒委员会办公室、省级禁毒委员会办公室均要建立毒品预防教育专家库，发挥专家在毒品预防教育科研、教学等方面的作用。

17. 动员社会力量参与青少年毒品预防教育工作。从事禁毒工作的相关政府部门要通过财政转移支付、职能委托、政府购买服务等方式，支持和鼓励社会力量参与青少年毒品预防教育和涉毒青少年教育帮扶工作。要充分发挥群团组织作用，加强对相关社会组织的支持力度，通过多种方式鼓励个人志愿者、企业和社会工作服务机构等其他组织广泛参与、发挥作用。2016 年至 2018 年，各地专门从事毒品预防教育的禁毒社会力量要分别占当地常住人口的 1‰、1.5‰和 2‰，各地注册禁毒志愿者人数占本地常住人口的比例大幅增加。

18. 建立青少年毒品预防教育经费保障机制。完善以政府投入为主、多渠道筹措资金的经费筹措机制。各地财政部门要加大学生毒品预防教育投入。

19.开展青少年毒品预防教育效果评估。各级教育督导机构要将学校毒品预防教育纳入督导范围。各级公安机关要将人民群众对青少年毒品预防教育工作满意率调查纳入公安机关满意度调查范围。各地禁毒部门要借助统计部门、科研机构等第三方力量开展全民禁毒宣传教育效果评估，2016年年底前，将青少年毒品预防教育工作纳入平安创建、精神文明创建体系和禁毒挂牌整治范畴，作为《全国禁毒工作考评办法》的重要内容之一。

20.建立青少年毒品预防教育责任追究制度。国家禁毒委员会办公室要定期将青少年毒品预防教育工作开展情况通报各地禁毒委员会主任和禁毒委员会成员单位主要领导。对因工作不重视、责任不落实、措施不得力，导致青少年新增吸毒人员蔓延加速、问题泛滥的地区，要按照《禁毒工作责任制》相关规定严肃追究责任。

中共中央宣传部　中央网络安全和信息化领导小组办公室
公安部　教育部　科技部　民政部　财政部
人力资源和社会保障部　文化部　国家新闻出版广电总局
全国总工会　共青团中央　全国妇联　国家禁毒委员会办公室
2015年8月18日

附录 5

麻醉药品和精神药品管理条例

（2005 年 8 月 3 日中华人民共和国国务院令第 442 号公布
根据 2013 年 12 月 7 日《国务院关于修改部分行政法规的决定》第一次修订
根据 2016 年 2 月 6 日《国务院关于修改部分行政法规的决定》第二次修订）

第一章　总则

第一条　为加强麻醉药品和精神药品的管理，保证麻醉药品和精神药品的合法、安全、合理使用，防止流入非法渠道，根据药品管理法和其他有关法律的规定，制定本条例。

第二条　麻醉药品药用原植物的种植，麻醉药品和精神药品的实验研究、生产、经营、使用、储存、运输等活动以及监督管理，适用本条例。

麻醉药品和精神药品的进出口依照有关法律的规定办理。

第三条　本条例所称麻醉药品和精神药品，是指列入麻醉药品目录、精神药品目录（以下称目录）的药品和其他物质。精神药品分为第一类精神药品和第二类精神药品。

目录由国务院药品监督管理部门会同国务院公安部门、国务院卫生主管部门制定、调整并公布。

上市销售但尚未列入目录的药品和其他物质或者第二类精神药品发生滥用，已经造成或者可能造成严重社会危害的，国务院药品监督管理部门会同国务院公安部门、国务院卫生主管部门应当及时将该药品和该物质列入目录或者将该第二类精神药品调整为第一类精神药品。

第四条　国家对麻醉药品药用原植物以及麻醉药品和精神药品实行管制。

除本条例另有规定的外，任何单位、个人不得进行麻醉药品药用原植物的种植以及麻醉药品和精神药品的实验研究、生产、经营、使用、储存、运输等活动。

第五条　国务院药品监督管理部门负责全国麻醉药品和精神药品的监督管理工作，并会同国务院农业主管部门对麻醉药品药用原植物实施监督管理。国务院公安部门负责对造成麻醉药品药用原植物、麻醉药品和精神药品流入非法渠道的行为进行查处。国务院其他有关主管部门在各自的职责范围内负责与麻醉药品和精神药品有关的管理工作。

省、自治区、直辖市人民政府药品监督管理部门负责本行政区域内麻醉药品和精神药品的监督管理工作。县级以上地方公安机关负责对本行政区域内造成麻醉药品和精神药品流入非法渠道的行为进行查处。县级以上地方人民政府其他有关主管部门在各自的职责范围内负责与麻醉药品和精神药品有关的管理工作。

第六条　麻醉药品和精神药品生产、经营企业和使用单位可以依法参加行业协会。行业协会应当加强行业自律管理。

第二章　种植、实验研究和生产

第七条　国家根据麻醉药品和精神药品的医疗、国家储备和企业生产所需原料的需要确定需求总量，对麻醉药品药用原植物的种植、麻醉药品和精神药品的生产实行总量控制。

国务院药品监督管理部门根据麻醉药品和精神药品的需求总量制定年度生产计划。

国务院药品监督管理部门和国务院农业主管部门根据麻醉药品年度生产计划，制定麻醉药品药用原植物年度种植计划。

第八条　麻醉药品药用原植物种植企业应当根据年度种植计划，种植麻醉药品药用原植物。

麻醉药品药用原植物种植企业应当向国务院药品监督管理部门和国务院农业主管部门定期报告种植情况。

第九条　麻醉药品药用原植物种植企业由国务院药品监督管理部门和国务

院农业主管部门共同确定，其他单位和个人不得种植麻醉药品药用原植物。

第十条　开展麻醉药品和精神药品实验研究活动应当具备下列条件，并经国务院药品监督管理部门批准：

（一）以医疗、科学研究或者教学为目的；

（二）有保证实验所需麻醉药品和精神药品安全的措施和管理制度；

（三）单位及其工作人员2年内没有违反有关禁毒的法律、行政法规规定的行为。

第十一条　麻醉药品和精神药品的实验研究单位申请相关药品批准证明文件，应当依照药品管理法的规定办理；需要转让研究成果的，应当经国务院药品监督管理部门批准。

第十二条　药品研究单位在普通药品的实验研究过程中，产生本条例规定的管制品种的，应当立即停止实验研究活动，并向国务院药品监督管理部门报告。国务院药品监督管理部门应当根据情况，及时作出是否同意其继续实验研究的决定。

第十三条　麻醉药品和第一类精神药品的临床试验，不得以健康人为受试对象。

第十四条　国家对麻醉药品和精神药品实行定点生产制度。

国务院药品监督管理部门应当根据麻醉药品和精神药品的需求总量，确定麻醉药品和精神药品定点生产企业的数量和布局，并根据年度需求总量对数量和布局进行调整、公布。

第十五条　麻醉药品和精神药品的定点生产企业应当具备下列条件：

（一）有药品生产许可证；

（二）有麻醉药品和精神药品实验研究批准文件；

（三）有符合规定的麻醉药品和精神药品生产设施、储存条件和相应的安全管理设施；

（四）有通过网络实施企业安全生产管理和向药品监督管理部门报告生产信息的能力；

（五）有保证麻醉药品和精神药品安全生产的管理制度；

（六）有与麻醉药品和精神药品安全生产要求相适应的管理水平和经营规模；

（七）麻醉药品和精神药品生产管理、质量管理部门的人员应当熟悉麻醉药品和精神药品管理以及有关禁毒的法律、行政法规；

（八）没有生产、销售假药、劣药或者违反有关禁毒的法律、行政法规规定的行为；

（九）符合国务院药品监督管理部门公布的麻醉药品和精神药品定点生产企业数量和布局的要求。

第十六条　从事麻醉药品、精神药品生产的企业，应当经所在地省、自治区、直辖市人民政府药品监督管理部门批准。

第十七条　定点生产企业生产麻醉药品和精神药品，应当依照药品管理法的规定取得药品批准文号。

国务院药品监督管理部门应当组织医学、药学、社会学、伦理学和禁毒等方面的专家成立专家组，由专家组对申请首次上市的麻醉药品和精神药品的社会危害性和被滥用的可能性进行评价，并提出是否批准的建议。

未取得药品批准文号的，不得生产麻醉药品和精神药品。

第十八条　发生重大突发事件，定点生产企业无法正常生产或者不能保证供应麻醉药品和精神药品时，国务院药品监督管理部门可以决定其他药品生产企业生产麻醉药品和精神药品。

重大突发事件结束后，国务院药品监督管理部门应当及时决定前款规定的企业停止麻醉药品和精神药品的生产。

第十九条　定点生产企业应当严格按照麻醉药品和精神药品年度生产计划安排生产，并依照规定向所在地省、自治区、直辖市人民政府药品监督管理部门报告生产情况。

第二十条　定点生产企业应当依照本条例的规定，将麻醉药品和精神药品销售给具有麻醉药品和精神药品经营资格的企业或者依照本条例规定批准的其他单位。

第二十一条　麻醉药品和精神药品的标签应当印有国务院药品监督管理部门规定的标志。

第三章　经营

第二十二条　国家对麻醉药品和精神药品实行定点经营制度。

国务院药品监督管理部门应当根据麻醉药品和第一类精神药品的需求总量，确定麻醉药品和第一类精神药品的定点批发企业布局，并应当根据年度需求总量对布局进行调整、公布。

药品经营企业不得经营麻醉药品原料药和第一类精神药品原料药。但是，供医疗、科学研究、教学使用的小包装的上述药品可以由国务院药品监督管理部门规定的药品批发企业经营。

第二十三条　麻醉药品和精神药品定点批发企业除应当具备药品管理法第十五条规定的药品经营企业的开办条件外，还应当具备下列条件：

（一）有符合本条例规定的麻醉药品和精神药品储存条件；

（二）有通过网络实施企业安全管理和向药品监督管理部门报告经营信息的能力；

（三）单位及其工作人员 2 年内没有违反有关禁毒的法律、行政法规规定的行为；

（四）符合国务院药品监督管理部门公布的定点批发企业布局。

麻醉药品和第一类精神药品的定点批发企业，还应当具有保证供应责任区域内医疗机构所需麻醉药品和第一类精神药品的能力，并具有保证麻醉药品和第一类精神药品安全经营的管理制度。

第二十四条　跨省、自治区、直辖市从事麻醉药品和第一类精神药品批发业务的企业（以下称全国性批发企业），应当经国务院药品监督管理部门批准；在本省、自治区、直辖市行政区域内从事麻醉药品和第一类精神药品批发业务的企业（以下称区域性批发企业），应当经所在地省、自治区、直辖市人民政府药品监督管理部门批准。

专门从事第二类精神药品批发业务的企业，应当经所在地省、自治区、直辖市人民政府药品监督管理部门批准。

全国性批发企业和区域性批发企业可以从事第二类精神药品批发业务。

第二十五条　全国性批发企业可以向区域性批发企业，或者经批准可以向取得麻醉药品和第一类精神药品使用资格的医疗机构以及依照本条例规定批准的其他单位销售麻醉药品和第一类精神药品。

全国性批发企业向取得麻醉药品和第一类精神药品使用资格的医疗机构销售麻醉药品和第一类精神药品，应当经医疗机构所在地省、自治区、直辖市人民政府药品监督管理部门批准。

国务院药品监督管理部门在批准全国性批发企业时，应当明确其所承担供药责任的区域。

第二十六条　区域性批发企业可以向本省、自治区、直辖市行政区域内取得麻醉药品和第一类精神药品使用资格的医疗机构销售麻醉药品和第一类精神药品；由于特殊地理位置的原因，需要就近向其他省、自治区、直辖市行政区域内取得麻醉药品和第一类精神药品使用资格的医疗机构销售的，应当经企业所在地省、自治区、直辖市人民政府药品监督管理部门批准。审批情况由负责审批的药品监督管理部门在批准后5日内通报医疗机构所在地省、自治区、直辖市人民政府药品监督管理部门。

省、自治区、直辖市人民政府药品监督管理部门在批准区域性批发企业时，应当明确其所承担供药责任的区域。

区域性批发企业之间因医疗急需、运输困难等特殊情况需要调剂麻醉药品和第一类精神药品的，应当在调剂后2日内将调剂情况分别报所在地省、自治区、直辖市人民政府药品监督管理部门备案。

第二十七条　全国性批发企业应当从定点生产企业购进麻醉药品和第一类精神药品。

区域性批发企业可以从全国性批发企业购进麻醉药品和第一类精神药品；经所在地省、自治区、直辖市人民政府药品监督管理部门批准，也可以从定点生产企业购进麻醉药品和第一类精神药品。

第二十八条　全国性批发企业和区域性批发企业向医疗机构销售麻醉药品和第一类精神药品，应当将药品送至医疗机构。医疗机构不得自行提货。

第二十九条　第二类精神药品定点批发企业可以向医疗机构、定点批发企业和符合本条例第三十一条规定的药品零售企业以及依照本条例规定批准的其他单位销售第二类精神药品。

第三十条　麻醉药品和第一类精神药品不得零售。

禁止使用现金进行麻醉药品和精神药品交易，但是个人合法购买麻醉药品和精神药品的除外。

第三十一条　经所在地设区的市级药品监督管理部门批准，实行统一进货、统一配送、统一管理的药品零售连锁企业可以从事第二类精神药品零售业务。

第三十二条　第二类精神药品零售企业应当凭执业医师出具的处方，按规定剂量销售第二类精神药品，并将处方保存 2 年备查；禁止超剂量或者无处方销售第二类精神药品；不得向未成年人销售第二类精神药品。

第三十三条　麻醉药品和精神药品实行政府定价，在制定出厂和批发价格的基础上，逐步实行全国统一零售价格。具体办法由国务院价格主管部门制定。

第四章　使用

第三十四条　药品生产企业需要以麻醉药品和第一类精神药品为原料生产普通药品的，应当向所在地省、自治区、直辖市人民政府药品监督管理部门报送年度需求计划，由省、自治区、直辖市人民政府药品监督管理部门汇总报国务院药品监督管理部门批准后，向定点生产企业购买。

药品生产企业需要以第二类精神药品为原料生产普通药品的，应当将年度需求计划报所在地省、自治区、直辖市人民政府药品监督管理部门，并向定点批发企业或者定点生产企业购买。

第三十五条　食品、食品添加剂、化妆品、油漆等非药品生产企业需要使用咖啡因作为原料的，应当经所在地省、自治区、直辖市人民政府药品监督管理部门批准，向定点批发企业或者定点生产企业购买。

科学研究、教学单位需要使用麻醉药品和精神药品开展实验、教学活动的，应当经所在地省、自治区、直辖市人民政府药品监督管理部门批准，向定点批发企业或者定点生产企业购买。

需要使用麻醉药品和精神药品的标准品、对照品的，应当经所在地省、自治区、直辖市人民政府药品监督管理部门批准，向国务院药品监督管理部门批准的单位购买。

第三十六条　医疗机构需要使用麻醉药品和第一类精神药品的，应当经所在地设区的市级人民政府卫生主管部门批准，取得麻醉药品、第一类精神药品购用印鉴卡（以下称印鉴卡）。医疗机构应当凭印鉴卡向本省、自治区、直辖市行政区域内的定点批发企业购买麻醉药品和第一类精神药品。

设区的市级人民政府卫生主管部门发给医疗机构印鉴卡时，应当将取得印鉴卡的医疗机构情况抄送所在地设区的市级药品监督管理部门，并报省、自治区、直辖市人民政府卫生主管部门备案。省、自治区、直辖市人民政府卫生主管部门应当将取得印鉴卡的医疗机构名单向本行政区域内的定点批发企业通报。

第三十七条　医疗机构取得印鉴卡应当具备下列条件：

（一）有专职的麻醉药品和第一类精神药品管理人员；

（二）有获得麻醉药品和第一类精神药品处方资格的执业医师；

（三）有保证麻醉药品和第一类精神药品安全储存的设施和管理制度。

第三十八条　医疗机构应当按照国务院卫生主管部门的规定，对本单位执业医师进行有关麻醉药品和精神药品使用知识的培训、考核，经考核合格的，授予麻醉药品和第一类精神药品处方资格。执业医师取得麻醉药品和第一类精神药品的处方资格后，方可在本医疗机构开具麻醉药品和第一类精神药品处方，但不得为自己开具该种处方。

医疗机构应当将具有麻醉药品和第一类精神药品处方资格的执业医师名单及其变更情况，定期报送所在地设区的市级人民政府卫生主管部门，并抄送同级药品监督管理部门。

医务人员应当根据国务院卫生主管部门制定的临床应用指导原则，使用麻醉药品和精神药品。

第三十九条　具有麻醉药品和第一类精神药品处方资格的执业医师，根据临床应用指导原则，对确需使用麻醉药品或者第一类精神药品的患者，应当满足其合理用药需求。在医疗机构就诊的癌症疼痛患者和其他危重患者得不到麻醉药品或者第一类精神药品时，患者或者其亲属可以向执业医师提出申请。具有麻醉药品和第一类精神药品处方资格的执业医师认为要求合理的，应当及时为患者提供所需麻醉药品或者第一类精神药品。

第四十条　执业医师应当使用专用处方开具麻醉药品和精神药品，单张处方的最大用量应当符合国务院卫生主管部门的规定。

对麻醉药品和第一类精神药品处方，处方的调配人、核对人应当仔细核对，签署姓名，并予以登记；对不符合本条例规定的，处方的调配人、核对人应当拒绝发药。

麻醉药品和精神药品专用处方的格式由国务院卫生主管部门规定。

第四十一条　医疗机构应当对麻醉药品和精神药品处方进行专册登记，加强管理。麻醉药品处方至少保存3年，精神药品处方至少保存2年。

第四十二条　医疗机构抢救病人急需麻醉药品和第一类精神药品而本医疗机构无法提供时，可以从其他医疗机构或者定点批发企业紧急借用；抢救工作结束后，应当及时将借用情况报所在地设区的市级药品监督管理部门和卫生主管部门备案。

第四十三条　对临床需要而市场无供应的麻醉药品和精神药品，持有医疗机构制剂许可证和印鉴卡的医疗机构需要配制制剂的，应当经所在地省、自治区、直辖市人民政府药品监督管理部门批准。医疗机构配制的麻醉药品和精神药品制剂只能在本医疗机构使用，不得对外销售。

第四十四条　因治疗疾病需要，个人凭医疗机构出具的医疗诊断书、本人身份证明，可以携带单张处方最大用量以内的麻醉药品和第一类精神药品；携带麻醉药品和第一类精神药品出入境的，由海关根据自用、合理的原则放行。

医务人员为了医疗需要携带少量麻醉药品和精神药品出入境的，应当持有省级以上人民政府药品监督管理部门发放的携带麻醉药品和精神药品证明。海关凭携带麻醉药品和精神药品证明放行。

第四十五条　医疗机构、戒毒机构以开展戒毒治疗为目的，可以使用美沙酮或者国家确定的其他用于戒毒治疗的麻醉药品和精神药品。具体管理办法由国务院药品监督管理部门、国务院公安部门和国务院卫生主管部门制定。

第五章　储存

第四十六条　麻醉药品药用原植物种植企业、定点生产企业、全国性批发企业和区域性批发企业以及国家设立的麻醉药品储存单位，应当设置储存麻醉药品和第一类精神药品的专库。该专库应当符合下列要求：

（一）安装专用防盗门，实行双人双锁管理；

（二）具有相应的防火设施；

（三）具有监控设施和报警装置，报警装置应当与公安机关报警系统联网。

全国性批发企业经国务院药品监督管理部门批准设立的药品储存点应当符合前款的规定。

麻醉药品定点生产企业应当将麻醉药品原料药和制剂分别存放。

第四十七条　麻醉药品和第一类精神药品的使用单位应当设立专库或者专柜储存麻醉药品和第一类精神药品。专库应当设有防盗设施并安装报警装置；专柜应当使用保险柜。专库和专柜应当实行双人双锁管理。

第四十八条　麻醉药品药用原植物种植企业、定点生产企业、全国性批发企业和区域性批发企业、国家设立的麻醉药品储存单位以及麻醉药品和第一类精神药品的使用单位，应当配备专人负责管理工作，并建立储存麻醉药品和第一类精神药品的专用账册。药品入库双人验收，出库双人复核，做到账物相符。专用账册的保存期限应当自药品有效期期满之日起不少于 5 年。

第四十九条　第二类精神药品经营企业应当在药品库房中设立独立的专库或者专柜储存第二类精神药品，并建立专用账册，实行专人管理。专用账册的保存期限应当自药品有效期期满之日起不少于5年。

第六章　运输

第五十条　托运、承运和自行运输麻醉药品和精神药品的，应当采取安全保障措施，防止麻醉药品和精神药品在运输过程中被盗、被抢、丢失。

第五十一条　通过铁路运输麻醉药品和第一类精神药品的，应当使用集装箱或者铁路行李车运输，具体办法由国务院药品监督管理部门会同国务院铁路主管部门制定。

没有铁路需要通过公路或者水路运输麻醉药品和第一类精神药品的，应当由专人负责押运。

第五十二条　托运或者自行运输麻醉药品和第一类精神药品的单位，应当向所在地设区的市级药品监督管理部门申请领取运输证明。运输证明有效期为1年。

运输证明应当由专人保管，不得涂改、转让、转借。

第五十三条　托运人办理麻醉药品和第一类精神药品运输手续，应当将运输证明副本交付承运人。承运人应当查验、收存运输证明副本，并检查货物包装。没有运输证明或者货物包装不符合规定的，承运人不得承运。

承运人在运输过程中应当携带运输证明副本，以备查验。

第五十四条　邮寄麻醉药品和精神药品，寄件人应当提交所在地设区的市级药品监督管理部门出具的准予邮寄证明。邮政营业机构应当查验、收存准予邮寄证明；没有准予邮寄证明的，邮政营业机构不得收寄。

省、自治区、直辖市邮政主管部门指定符合安全保障条件的邮政营业机构负责收寄麻醉药品和精神药品。邮政营业机构收寄麻醉药品和精神药品，应当依法对收寄的麻醉药品和精神药品予以查验。

邮寄麻醉药品和精神药品的具体管理办法，由国务院药品监督管理部门会同国务院邮政主管部门制定。

第五十五条　定点生产企业、全国性批发企业和区域性批发企业之间运输麻醉药品、第一类精神药品，发货人在发货前应当向所在地省、自治区、直辖市人民政府药品监督管理部门报送本次运输的相关信息。属于跨省、自治区、直辖市运输的，收到信息的药品监督管理部门应当向收货人所在地的同级药品监督管理部门通报；属于在本省、自治区、直辖市行政区域内运输的，收到信息的药品监督管理部门应当向收货人所在地设区的市级药品监督管理部门通报。

第七章 审批程序和监督管理

第五十六条 申请人提出本条例规定的审批事项申请，应当提交能够证明其符合本条例规定条件的相关资料。审批部门应当自收到申请之日起40日内作出是否批准的决定；作出批准决定的，发给许可证明文件或者在相关许可证明文件上加注许可事项；作出不予批准决定的，应当书面说明理由。

确定定点生产企业和定点批发企业，审批部门应当在经审查符合条件的企业中，根据布局的要求，通过公平竞争的方式初步确定定点生产企业和定点批发企业，并予公布。其他符合条件的企业可以自公布之日起10日内向审批部门提出异议。审批部门应当自收到异议之日起20日内对异议进行审查，并作出是否调整的决定。

第五十七条 药品监督管理部门应当根据规定的职责权限，对麻醉药品药用原植物的种植以及麻醉药品和精神药品的实验研究、生产、经营、使用、储存、运输活动进行监督检查。

第五十八条 省级以上人民政府药品监督管理部门根据实际情况建立监控信息网络，对定点生产企业、定点批发企业和使用单位的麻醉药品和精神药品生产、进货、销售、库存、使用的数量以及流向实行实时监控，并与同级公安机关做到信息共享。

第五十九条 尚未连接监控信息网络的麻醉药品和精神药品定点生产企业、定点批发企业和使用单位，应当每月通过电子信息、传真、书面等方式，将本单位麻醉药品和精神药品生产、进货、销售、库存、使用的数量以及流向，报所在地设区的市级药品监督管理部门和公安机关；医疗机构还应当报所在地设区的市级人民政府卫生主管部门。

设区的市级药品监督管理部门应当每3个月向上一级药品监督管理部门报告本地区麻醉药品和精神药品的相关情况。

第六十条　对已经发生滥用，造成严重社会危害的麻醉药品和精神药品品种，国务院药品监督管理部门应当采取在一定期限内中止生产、经营、使用或者限定其使用范围和用途等措施。对不再作为药品使用的麻醉药品和精神药品，国务院药品监督管理部门应当撤销其药品批准文号和药品标准，并予以公布。

药品监督管理部门、卫生主管部门发现生产、经营企业和使用单位的麻醉药品和精神药品管理存在安全隐患时，应当责令其立即排除或者限期排除；对有证据证明可能流入非法渠道的，应当及时采取查封、扣押的行政强制措施，在7日内作出行政处理决定，并通报同级公安机关。

药品监督管理部门发现取得印鉴卡的医疗机构未依照规定购买麻醉药品和第一类精神药品时，应当及时通报同级卫生主管部门。接到通报的卫生主管部门应当立即调查处理。必要时，药品监督管理部门可以责令定点批发企业中止向该医疗机构销售麻醉药品和第一类精神药品。

第六十一条　麻醉药品和精神药品的生产、经营企业和使用单位对过期、损坏的麻醉药品和精神药品应当登记造册，并向所在地县级药品监督管理部门申请销毁。药品监督管理部门应当自接到申请之日起5日内到场监督销毁。医疗机构对存放在本单位的过期、损坏麻醉药品和精神药品，应当按照本条规定的程序向卫生主管部门提出申请，由卫生主管部门负责监督销毁。

对依法收缴的麻醉药品和精神药品，除经国务院药品监督管理部门或者国务院公安部门批准用于科学研究外，应当依照国家有关规定予以销毁。

第六十二条　县级以上人民政府卫生主管部门应当对执业医师开具麻醉药品和精神药品处方的情况进行监督检查。

第六十三条　药品监督管理部门、卫生主管部门和公安机关应当互相通报麻醉药品和精神药品生产、经营企业和使用单位的名单以及其他管理信息。

各级药品监督管理部门应当将在麻醉药品药用原植物的种植以及麻醉药品

和精神药品的实验研究、生产、经营、使用、储存、运输等各环节的管理中的审批、撤销等事项通报同级公安机关。

麻醉药品和精神药品的经营企业、使用单位报送各级药品监督管理部门的备案事项，应当同时报送同级公安机关。

第六十四条　发生麻醉药品和精神药品被盗、被抢、丢失或者其他流入非法渠道的情形的，案发单位应当立即采取必要的控制措施，同时报告所在地县级公安机关和药品监督管理部门。医疗机构发生上述情形的，还应当报告其主管部门。

公安机关接到报告、举报，或者有证据证明麻醉药品和精神药品可能流入非法渠道时，应当及时开展调查，并可以对相关单位采取必要的控制措施。

药品监督管理部门、卫生主管部门以及其他有关部门应当配合公安机关开展工作。

第八章　法律责任

第六十五条　药品监督管理部门、卫生主管部门违反本条例的规定，有下列情形之一的，由其上级行政机关或者监察机关责令改正；情节严重的，对直接负责的主管人员和其他直接责任人员依法给予行政处分；构成犯罪的，依法追究刑事责任：

（一）对不符合条件的申请人准予行政许可或者超越法定职权作出准予行政许可决定的；

（二）未到场监督销毁过期、损坏的麻醉药品和精神药品的；

（三）未依法履行监督检查职责，应当发现而未发现违法行为、发现违法行为不及时查处，或者未依照本条例规定的程序实施监督检查的；

（四）违反本条例规定的其他失职、渎职行为。

第六十六条　麻醉药品药用原植物种植企业违反本条例的规定，有下列情形之一的，由药品监督管理部门责令限期改正，给予警告；逾期不改正的，处5万元以上10万元以下的罚款；情节严重的，取消其种植资格：

（一）未依照麻醉药品药用原植物年度种植计划进行种植的；

（二）未依照规定报告种植情况的；

（三）未依照规定储存麻醉药品的。

第六十七条　定点生产企业违反本条例的规定，有下列情形之一的，由药品监督管理部门责令限期改正，给予警告，并没收违法所得和违法销售的药品；逾期不改正的，责令停产，并处5万元以上10万元以下的罚款；情节严重的，取消其定点生产资格：

（一）未按照麻醉药品和精神药品年度生产计划安排生产的；

（二）未依照规定向药品监督管理部门报告生产情况的；

（三）未依照规定储存麻醉药品和精神药品，或者未依照规定建立、保存专用账册的；

（四）未依照规定销售麻醉药品和精神药品的；

（五）未依照规定销毁麻醉药品和精神药品的。

第六十八条　定点批发企业违反本条例的规定销售麻醉药品和精神药品，或者违反本条例的规定经营麻醉药品原料药和第一类精神药品原料药的，由药品监督管理部门责令限期改正，给予警告，并没收违法所得和违法销售的药品；逾期不改正的，责令停业，并处违法销售药品货值金额2倍以上5倍以下的罚款；情节严重的，取消其定点批发资格。

第六十九条　定点批发企业违反本条例的规定，有下列情形之一的，由药品监督管理部门责令限期改正，给予警告；逾期不改正的，责令停业，并处2万元以上5万元以下的罚款；情节严重的，取消其定点批发资格：

（一）未依照规定购进麻醉药品和第一类精神药品的；

（二）未保证供药责任区域内的麻醉药品和第一类精神药品的供应的；

（三）未对医疗机构履行送货义务的；

（四）未依照规定报告麻醉药品和精神药品的进货、销售、库存数量以及流向的；

（五）未依照规定储存麻醉药品和精神药品，或者未依照规定建立、保存专用账册的；

（六）未依照规定销毁麻醉药品和精神药品的；

（七）区域性批发企业之间违反本条例的规定调剂麻醉药品和第一类精神药品，或者因特殊情况调剂麻醉药品和第一类精神药品后未依照规定备案的。

第七十条 第二类精神药品零售企业违反本条例的规定储存、销售或者销毁第二类精神药品的，由药品监督管理部门责令限期改正，给予警告，并没收违法所得和违法销售的药品；逾期不改正的，责令停业，并处 5000 元以上 2 万元以下的罚款；情节严重的，取消其第二类精神药品零售资格。

第七十一条 本条例第三十四条、第三十五条规定的单位违反本条例的规定，购买麻醉药品和精神药品的，由药品监督管理部门没收违法购买的麻醉药品和精神药品，责令限期改正，给予警告；逾期不改正的，责令停产或者停止相关活动，并处 2 万元以上 5 万元以下的罚款。

第七十二条 取得印鉴卡的医疗机构违反本条例的规定，有下列情形之一的，由设区的市级人民政府卫生主管部门责令限期改正，给予警告；逾期不改正的，处 5000 元以上 1 万元以下的罚款；情节严重的，吊销其印鉴卡；对直接负责的主管人员和其他直接责任人员，依法给予降级、撤职、开除的处分：

（一）未依照规定购买、储存麻醉药品和第一类精神药品的；

（二）未依照规定保存麻醉药品和精神药品专用处方，或者未依照规定进行处方专册登记的；

（三）未依照规定报告麻醉药品和精神药品的进货、库存、使用数量的；

（四）紧急借用麻醉药品和第一类精神药品后未备案的；

（五）未依照规定销毁麻醉药品和精神药品的。

第七十三条 具有麻醉药品和第一类精神药品处方资格的执业医师，违反本条例的规定开具麻醉药品和第一类精神药品处方，或者未按照临床应用指导原则的要求使用麻醉药品和第一类精神药品的，由其所在医疗机构取消其麻醉药品和第一类精神药品处方资格；造成严重后果的，由原发证部门吊销其执业证书。执业医师未按照临床应用指导原则的要求使用第二类精神药品或者未使用专用处方开具第二类精神药品，造成严重后果的，由原发证部门吊销其执业证书。

未取得麻醉药品和第一类精神药品处方资格的执业医师擅自开具麻醉药品和第一类精神药品处方，由县级以上人民政府卫生主管部门给予警告，暂停其执业活动；造成严重后果的，吊销其执业证书；构成犯罪的，依法追究刑事责任。

处方的调配人、核对人违反本条例的规定未对麻醉药品和第一类精神药品处方进行核对，造成严重后果的，由原发证部门吊销其执业证书。

第七十四条　违反本条例的规定运输麻醉药品和精神药品的，由药品监督管理部门和运输管理部门依照各自职责，责令改正，给予警告，处 2 万元以上 5 万元以下的罚款。

收寄麻醉药品、精神药品的邮政营业机构未依照本条例的规定办理邮寄手续的，由邮政主管部门责令改正，给予警告；造成麻醉药品、精神药品邮件丢失的，依照邮政法律、行政法规的规定处理。

第七十五条　提供虚假材料、隐瞒有关情况，或者采取其他欺骗手段取得麻醉药品和精神药品的实验研究、生产、经营、使用资格的，由原审批部门撤销其已取得的资格，5 年内不得提出有关麻醉药品和精神药品的申请；情节严重的，处 1 万元以上 3 万元以下的罚款，有药品生产许可证、药品经营许可证、医疗机构执业许可证的，依法吊销其许可证明文件。

第七十六条　药品研究单位在普通药品的实验研究和研制过程中，产生本条例规定管制的麻醉药品和精神药品，未依照本条例的规定报告的，由药品监督管理部门责令改正，给予警告，没收违法药品；拒不改正的，责令停止实验研究和研制活动。

第七十七条　药物临床试验机构以健康人为麻醉药品和第一类精神药品临床试验的受试对象的，由药品监督管理部门责令停止违法行为，给予警告；情节严重的，取消其药物临床试验机构的资格；构成犯罪的，依法追究刑事责任。对受试对象造成损害的，药物临床试验机构依法承担治疗和赔偿责任。

第七十八条　定点生产企业、定点批发企业和第二类精神药品零售企业生产、销售假劣麻醉药品和精神药品的，由药品监督管理部门取消其定点生产资格、定点批发资格或者第二类精神药品零售资格，并依照药品管理法的有关规定予以处罚。

第七十九条　定点生产企业、定点批发企业和其他单位使用现金进行麻醉药品和精神药品交易的，由药品监督管理部门责令改正，给予警告，没收违法交易的药品，并处 5 万元以上 10 万元以下的罚款。

第八十条　发生麻醉药品和精神药品被盗、被抢、丢失案件的单位，违反本条例的规定未采取必要的控制措施或者未依照本条例的规定报告的，由药品监督管理部门和卫生主管部门依照各自职责，责令改正，给予警告；情节严重的，处 5000 元以上 1 万元以下的罚款；有上级主管部门的，由其上级主管部门对直接负责的主管人员和其他直接责任人员，依法给予降级、撤职的处分。

第八十一条　依法取得麻醉药品药用原植物种植或者麻醉药品和精神药品实验研究、生产、经营、使用、运输等资格的单位，倒卖、转让、出租、出借、涂改其麻醉药品和精神药品许可证明文件的，由原审批部门吊销相应许可证明文件，没收违法所得；情节严重的，处违法所得 2 倍以上 5 倍以下的罚款；没有违法所得的，处 2 万元以上 5 万元以下的罚款；构成犯罪的，依法追究刑事责任。

第八十二条　违反本条例的规定，致使麻醉药品和精神药品流入非法渠道造成危害，构成犯罪的，依法追究刑事责任；尚不构成犯罪的，由县级以上公安机关处 5 万元以上 10 万元以下的罚款；有违法所得的，没收违法所得；情节严重的，处违法所得 2 倍以上 5 倍以下的罚款；由原发证部门吊销其药品生产、经营和使用许可证明文件。

药品监督管理部门、卫生主管部门在监督管理工作中发现前款规定情形的，应当立即通报所在地同级公安机关，并依照国家有关规定，将案件以及相关材料移送公安机关。

第八十三条　本章规定由药品监督管理部门作出的行政处罚，由县级以上药品监督管理部门按照国务院药品监督管理部门规定的职责分工决定。

第九章　附则

第八十四条　本条例所称实验研究是指以医疗、科学研究或者教学为目的的临床前药物研究。

经批准可以开展与计划生育有关的临床医疗服务的计划生育技术服务机构需要使用麻醉药品和精神药品的，依照本条例有关医疗机构使用麻醉药品和精神药品的规定执行。

第八十五条　麻醉药品目录中的罂粟壳只能用于中药饮片和中成药的生产以及医疗配方使用。具体管理办法由国务院药品监督管理部门另行制定。

第八十六条　生产含麻醉药品的复方制剂，需要购进、储存、使用麻醉药品原料药的，应当遵守本条例有关麻醉药品管理的规定。

第八十七条　军队医疗机构麻醉药品和精神药品的供应、使用，由国务院药品监督管理部门会同中国人民解放军总后勤部依据本条例制定具体管理办法。

第八十八条　对动物用麻醉药品和精神药品的管理，由国务院兽医主管部门会同国务院药品监督管理部门依据本条例制定具体管理办法。

第八十九条　本条例自 2005 年 11 月 1 日起施行。1987 年 11 月 28 日国务院发布的《麻醉药品管理办法》和 1988 年 12 月 27 日国务院发布的《精神药品管理办法》同时废止。

后记

本版在修订中参考了一些近年的文献与报道，并引用了一些数据与案例，篇幅所限不一一列举，在此对原作者一并致谢。

为使读者阅读时不感枯燥，本版增加了一些图片。因多数图片源于互联网，溯源联系原作者授权转载十分困难，至出版仍有个别图片无法找到出处。然其在书中与文字相得益彰难以割舍故仍予保留，有可能的话，希望原作者能与我们联系。